이랴? 또 이랴?

초판 인쇄 2022년 11월 15일
초판 2쇄 2024년 6월 3일

지은이 서정오 | **그린이** 김고은 | **편집** 박선영 | **마케팅** 강백산, 강지연 | **디자인** 톡톡
펴낸이 이재일 | **펴낸곳** 토토북 | **주소** 04034 서울시 마포구 잔다리로7길 19, 3층(서교동)
전화 02-332-6255 | **팩스** 02-6919-2854 | **홈페이지** www.totobook.com | **전자우편** totobooks@hanmail.net
출판등록 2002년 5월 30일(제 2002-000172호)

ISBN 978-89-6496-486-6 73810

ⓒ 서정오, 김고은 2022

• 이 책은 저작권법에 의해 보호를 받는 저작물이므로 무단 전재 및 무단 복제를 금합니다.
• 잘못된 책은 바꾸어 드립니다.

 제품명 : 이랴? 또 이랴? | 제조자명 : 토토북 | 제조국명 : 대한민국
인증유형 : 공급자 적합성 확인 | 사용자 연령 : 8세 이상 | 제조일 : 2024년 6월 3일
주소 : 서울시 마포구 잔다리로7길 19, 3층(서교동) | 전화 : 02-332-6255
• KC마크는 이 제품이 공통안전기준에 적합하였음을 의미합니다.
⚠ 주의 아이들이 책의 모서리에 다치지 않게 주의하세요.

서정오 선생님의 배꼽 잡는 우리말 유래담

이랴? 또 이랴?

글 서정오 | 그림 김고은

머리말

재치와 상상력이 빚어낸 재미있는 유래 이야기

 옛이야기 가운데는 사물이나 세상일의 까닭을 밝히는 이야기가 있습니다. 이를테면 수숫대 밑동이 빨간 것을 두고 '왜 그럴까?' 하는 물음을 내세운 다음, 그 까닭을 푸는 것이지요. 우리 옛이야기 '해와 달이 된 오누이'에 따르면, 사나운 호랑이가 오누이를 잡아먹으려고 하늘까지 따라가다가 떨어진 자취가 바로 수숫대랍니다.

 물론 이런 유래 이야기가 믿을 만한 것은 못 됩니다. 겉보기에 그럴듯한 것은 있지만, 정말로 그렇다고 믿을 것은 거의 없다고 봐도 좋습니다. 그런데도 이런 이야기가 질긴 생명력을 가지고 전해 온 까닭은 그 기발함이 주는 재미 때문입니다. 무릎을 칠 만한 재치와 놀라운 상상력이 이야기마다 소복소복 들어있으니까요.

 이 책에는 바로 그러한 유래 이야기들이 한데 모여 있습니다. 매우 널리 알려져서 누구나 다 알 만한 이야기(이를테면 '해와 달이 된 오누이'나 '소금을 내는 맷돌' 같은 이야기)는 빼고, 신기하고 새롭고 재미있

는 이야기 열여덟 가지를 모아 놓았습니다. 조금씩 다른 모양과 색깔을 갖고 있지만, 내력을 밝히는 이야기라는 점에서는 모두 같습니다. 어떤 동식물이 왜 그렇게 생겼는지를 말하기도 하고, 동식물과 사람 사이에 숨은 사연을 이야기하기도 하고, 사람살이 풍습이나 사물 이름이 왜 생겼는지를 밝혀내기도 합니다.

  옛사람들은 이러한 유래 이야기를 주고받으며 말의 재미를 느끼고 상상력을 키우며 소통하는 자리를 넓혔습니다. 어린이 여러분도 이 책에서 아기자기한 재미를 찾아 마음껏 상상하는 즐거움을 누려 보기 바랍니다. 그것은 이 땅의 주인으로서 여러분이 마땅히 누릴 권리이기도 합니다.

2022년 11월

서정오

차례

머리말
재치와 상상력이 빚어낸 재미있는 유래 이야기 ● 4

첫째 마당
신통방통 동식물 이야기

고추가 빨개진 까닭은? ● 10
콩, 팥, 호두는 왜 그렇게 생겼나? ● 18
원숭이 궁둥이는 왜 빨간가? ● 24
토끼 꼬리는 왜 짧은가? ● 32
메뚜기 이마가 벗어진 내력은? ● 40
두꺼비, 배가 나오고 등이 우둘투둘한 까닭은? ● 46
메기 머리는 왜 납작한가? ● 54

둘째 마당
아기자기 사람살이 이야기

연지 곤지를 찍게 된 내력은? ● 62
소를 몰 때는 왜 '이랴'라고 할까? ● 70
술은 어떻게 해서 생겼나? ● 78
북두칠성 넷째 별이 흐릿한 까닭은? ● 85
갑자기 내리는 비를 '소나기'라고 하는 까닭은? ● 93
들에서 밥 먹을 때 왜 '고시레'를 할까? ● 99

셋째 마당
오순도순 사람과 동식물 이야기

개와 고양이는 왜 사이가 나쁜가? ● 108
쥐는 왜 고양이를 무서워할까? ● 118
흰나비에는 어떤 사연이 숨어 있을까? ● 125
묵이 '도루묵'이 된 내력은? ● 132
할미꽃에 얽힌 사연은? ● 140

여기에는 동식물 생김새에 얽힌 이야기가 모여 있어. 어떤 동물이나 식물이 왜 그렇게 생겼는지 궁금증을 불러일으킨 다음, 그 까닭을 풀어나가는 이야기들이지. 읽어 보면 알 겠지만 엉뚱하고 발랄한 이야기, 엉터리없는 가벼운 이야기들이 대부분이야. 그저 한 바탕 웃으면서 재미 삼아 읽을 만한 이야기들이란다. 어디 한번 같이 웃어 볼까?

신통 방통 동식물 이야기

고추가 빨개진 까닭은?

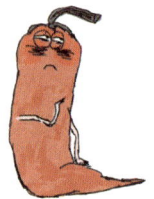

감자에는 눈이 많지. 몸뚱이 여기저기에 움푹 팬 눈 말이야. 또 고추는 익으면 빨개지잖아. 햇볕이 뜨거울수록 고추가 더 잘 익어서 새빨갛게 되지. 그게 왜 그런지 이야기해 줄까?

옛날 옛적, 호랑이 담배 피울 때 이야기야. 그때는 감자에는 눈이 없고, 고추는 익어도 빨갛지 않았대. 감자는 그저 달걀처럼 겉이 미끈했고, 고추는 아무리 햇볕을 받아도 파랗기만 했다나.

하루는 어느 밭에서 여러 곡식과 채소들이 시끌벅적 떠들며 이야기를 했어. 먼저 벼, 보리, 콩, 팥이 자기네 자랑을 늘어놓았지.

"우리 같은 곡식이 얼마나 중한지는 사람들 밥상을 보면 알지. 우리가 없으면 사람들은 하루도 못 살걸? 게다가 나라에 바치는 세금도 다 우리 같은 곡식이거든. 그래서 내일모레면 우리 모두 서울로 간다네."

그 말을 들은 감자가 코웃음을 쳤어.

"그래 봤자 너희들은 조그마한 낟알일 뿐이야. 길 가다가 흘려도 눈에 띄기나 하나? 기껏해야 닭 모이나 되지."

마음이 상할 대로 상한 곡식들이 대들었지.

"그러는 너는 뭐가 그리 잘났니?"

그러니까 감자가 기다렸다는 듯 자기 자랑을 늘어놓네.

"나 좀 봐. 이렇게 둥글둥글 잘 생겨서 얼마나 보기에 좋아? 게다가 몸집도 큼지막한 게 의젓하기는 또 어떻고. 그러니 내가 길에 떡 버티고 있으면 사람들이 너도나도 달려들어 '야, 감자다!' 하고 주워 가지."

그러자 곡식들도 가만히 있지를 않아.

"흥, 아무리 그래도 너는 서울 구경 못 하지. 우리는 눈이 있지만 너는 눈이 없잖아. 눈도 없는 게 무슨 서울 구경을 해?"

주눅이 잔뜩 든 감자가 물었지.

"그럼 나는 어떻게 하면 서울 구경을 할 수 있을까?"

"그야, 눈을 만들면 되지."

"눈을 어떻게 만들어?"

"우리가 만들어 주마!"

곡식들이 달려들어 감자 몸뚱이를 찔러서 눈을 만들어 줬어. 벼도 보리도 콩도 팥도 모두 감자 몸뚱이 여기저기를 쿡쿡 찔러 눈을 만들어 줬지.

그래서 감자에 움푹 팬 눈이 여럿 생기게 됐단디.

며칠 뒤에 또 같은 밭에서 곡식과 채소들이 이런저런 이야기를 나누게 됐어. 먼저 무가 말을 꺼냈지.

"그나저나 우리가 이렇게 잘 자란 건 모두 흙 덕분이야. 흙이 없어 봐. 우리가 어떻게 자랄 수 있겠어?"

그러자 배추가 나섰지.

"그렇기도 하지만, 하늘에 있는 구름 덕도 빼놓을 수 없지. 구름이 비를 내려 주지 않으면 우리가 어떻게 살 수 있겠어?"

그 말을 들은 옥수수가 점잖게 한 마디 거들었어.

"다 옳은 말이지만, 가장 으뜸으로 쳐야 할 걸 빼놓았네."

"그게 뭔데?"

모두가 궁금해서 옥수수를 쳐다봤지. 그러자 옥수수는 천천히 말을 이었어.

"바로 하늘에 뜬 해지. 해가 빛을 내리쬐어 주지 않으면 우리는 아무도 못 살 테지. 곡식이 잘 여무는 것도, 채소가 싱싱하게 자라는 것도, 과일이 실한 열매를 맺는 것도 다 햇빛 덕분이 아니고 뭐겠어?"

그 말을 듣고는 모두가 옳게 여겨 고개를 끄덕였지. 그런데 그때까지 잠자코 있던 고추가 으스대며 끼어드는 거야.

"흥, 뭐라고 떠들어도 우리 덕만 하겠어?"

"그게 무슨 말이야?"

"아무리 흙이 있고 구름이 있고 해가 있어 봐. 우리가 없으면 무슨 소용이야? 우리가 때맞춰 싹을 틔우고 꽃을 피우고 열매를 맺으니까 이렇게 된 거지. 다 우리 덕분이란 말이야."

그 말이 떨어지자마자, 갑자기 하늘에 떠 있던 해가 스르르 미끄러지듯 서산으로 넘어가 버리더래. 그러고는 내처 뜨지를 않아. 아무리 기다려도 안 떠. 그러니까 그냥 깜깜한 밤이지. 하루, 이틀, 사흘…… 해가 뜨지 않는 밤이 자꾸 이어지니까 난리가 났지.

햇빛이 없으니까 아무것도 제구실을 못 해. 흙도 온기를 잃고 점점 차갑게 얼어붙어 가고, 구름도 비를 만들지 못하니 있으나마나지. 곡식이고 채소고 모든 것이 시들시들 말라 가는 거야. 이러다가는 정말

로 다 죽게 생겼거든.

그렇게 한 보름이 지난 다음에야 비로소 해가 떴어. 해가 뜨니까 모든 것이 생기를 되찾지. 흙도 따스한 기운을 받아 부드럽게 녹아 가고, 구름도 비를 만들어 메마른 땅을 촉촉이 적시고 말이야. 메말라 가던 곡식도 채소도 기운을 되찾아 힘차게 자라기

시작하거든.

"어떠냐? 고추야. 이래도 네 덕이라 하겠느냐?"

다른 곡식 채소들이 나무라자 고추는 부끄러워서 그만 얼굴이 빨개졌지. 해가 없는 세상에서 주다 살아났으니 그럴 만도 하지. 해가 하늘 가운데 높이 올라 햇빛이 밝게 비칠수록 고추는 얼굴이 더 빨개졌어. 고추가 빨개진 건 그때부터란다.

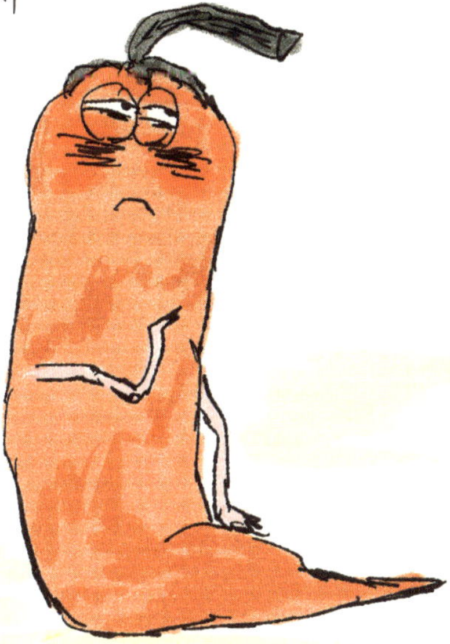

콩, 팥, 호두는 왜 그렇게 생겼나?

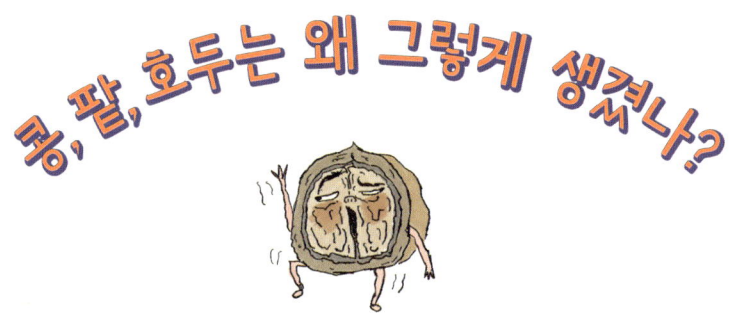

콩은 하얗고 팥은 빨갛지. 또 호두는 쭈글쭈글 주름이 많고. 애들이 이렇게 생긴 데는 다 사연이 있다는데, 오늘은 그 얘기를 해 볼까.

옛날에 콩하고 팥하고 호두하고 살았어. 셋은 다 같이 동무로 지냈지. 콩하고 팥은 밭에서 살고 호두는 산에서 살았지만, 셋은 서로 오가기도 하고 만나기도 하면서 지냈어. 옛이야기니까 콩, 팥, 호두가 오가며 만난대도 탈 날 일은 없잖아.

하루는 콩이 자기 생일날이 돼서 잔치를 열고 팥과 호두를 불렀어. 맛있는 음식을 많이 차려 놨으니 와서 즐기라고 말이야. 팥과 호두는 얼씨구나 하고 콩 생일잔치에 갔어.

가서는 셋이서 잔칫상 앞에 둘러앉았지. 그러고는 우선 콩이 술을 한 잔 따랐어. 자기가 주인이니까 손님 대접을 해야 할 것 아니야? 그래 술을 한 잔 따라서는, 먼저 호두 앞에 점잖게 갖다 놨어.

　콩 생각에는 나이 많은 차례대로 술을 따라 주는 게 좋겠다 싶었던 거지. 아무래도 호두가 가장 몸집도 크고 점잖으니까 나이도 가장 많을 것 같았거든.

　그런데 호두 앞에 술잔을 갖다 놓자마자, 팥이 그걸 냉큼 집어 들더니 발칵발칵 마셔 버리네. 그러고는 입을 쓱 닦고 나서, 옆에 있는 다른 음식까지 맛나게 집어 먹는 거야. 호두와 콩은 아직 젓가락도 안 들었는데 말이야.

　그걸 보고 콩은 기가 막혔어. 팥은 몸집으로 보나 무엇으로 보나 자기보다도 나이가 더 어린 것 같은데 그런 짓을 하니까 그렇지. 염치가 있으면 호두와 콩이 먼저 먹기를 기다렸다가 자기는 나중에 먹어야 할 게 아니야?

 게다가 그러고 나서도 미안한 기색 하나 없이 다른 음식까지 볼이 미어터지게 먹어대는 꼴을 보니 기가 안 막힐 수가 없지. 콩은 속이 부글부글 끓어올랐지만 억지로 참고 점잖게 한마디 나무랐어.

 "얘, 팥아. 형님들 체면을 봐서라도 너는 좀 천천히 먹지 그러니?"

 그러니까 팥이 미안해하는 게 아니라 도리어 눈을 똥그랗게 뜨고 대드네.

 "아니, 이 중에서 내가 가장 나이가 많으니까 먼저 먹는 게 당연한데 왜 그래?"

 콩이 들어보니 더 기가 막혀. 조그마한 팥이 제가 가장 나이 많다고 나서니 어디 될 말이야? 정색하고 따졌지.

 "몸집을 봐도 네가 가장 작은데 그게 무슨 당찮은 소리야?"

 그래도 팥은 물러서지를 않아.

 "너는 '작은 고추가 맵다'는 말도 못 들어봤니? 몸집만 크면 다야? 이 중에서 내가 가장 나이가 많다니까 그러네."

 그렇다고 콩도 물러설 수 없지.

 "말도 안 되는 소리. 어딜 봐서 네가 형이라는 거야? 내가 형이지."

 서로 형이니 아우니 옥신각신 다투는데, 도무지 결판이 안 나. 콩은 콩대로 자기가 형이라고 하고, 팥은 팥대로 자기가 나이 많다고 우기니까 그렇지.

한나절이 다 지나도록 티격태격 하고만 있으니까 생일잔치고 뭐고 다 시들해졌어. 보다 못한 호두가 나섰지.
"얘들아, 그렇게 말다툼하다가 날이 저물겠다. 이참에 둘이서 누가 형인지 아우인지 분명하게 가려 보는 게 어때?"

그러니까 콩도 팥도 좋다고 해.

"그럼 어떻게 가릴까?"

"내기를 해서 가리자."

"어떤 내기를 할까?"

"씨름이 어떠냐?"

"그래, 좋다. 씨름을 해서 이기는 쪽이 형이 되기로 하자."

이렇게 의논을 하고, 콩과 팥이 씨름판을 벌였어. 심판은 당연히 호두가 봤지.

둘이서 서로 붙잡고 겨루는데, 힘과 재주가 어금버금해서 금방 결판이 안 나. 한참 동안 빙빙 돌기만 하고 다른 수를 못 냈지.

그러다가 콩이 기회를 봐서 '끙!' 하고 크게 용을 쓰며 팥을 힘껏 잡아 돌렸어. 그 바람에 팥은 그만 맥없이 바닥에 쓰러졌지. 콩이 이기고 팥이 진 거야.

"이제 다른 말 못 하겠지? 내가 형이고 네가 아우다."

팥은 아무 말도 못 했어. 하지만 속은 상할 대로 상했지. 부끄럽기도 하고 화나기도 하고 억울하기도 하고 그래서 이를 앙다물고 화를 삭이다가 그만 얼굴이 새빨개졌대.

콩은 속이 시원해졌어. 십 년 묵은 체증이 다 내려가는 것 같았지. 그래서 싱글벙글 웃다가 얼굴이 훤해지고 하얘졌대.

호두는 둘 사이에서 어쩔 줄을 몰랐어. 콩을 따라 웃자니 팥 보기에 미안하고, 그렇다고 팥을 따라 속상해하자니 콩이 마음에 걸리고, 그

　래서 이쪽저쪽 눈치를 봤지. 한 번은 팥을 보고 얼굴을 찡그리다가, 한 번은 콩을 보고 활짝 웃다가 했어. 그러느라고 얼굴이 가만히 있지를 못하고 쭈그러졌다가 펴졌다가 했지. 그 바람에 그만 얼굴에 주름이 잔뜩 생겨났대.

　콩은 하얗고 팥은 빨갛고 호두에 주름이 많은 내력이 이렇단다.

원숭이 궁둥이는 왜 빨간가?

원숭이는 궁둥이가 빨갛지. 또 게는 집게발에 털이 붙어 있고. 그게 왜 그런지 말해 주는 이야기가 있어. 이제부터 그 얘기를 하지.

옛날에 게와 원숭이가 길을 가다가, 게가 먼저 윤기가 자르르한 찰밥을 한 덩이 주웠어.

"야, 찰밥이다!"

그다음에는 원숭이가 감 씨를 하나 주웠어.

"야, 감 씨다!"

원숭이가 가만히 보니까 게가 부럽거든. 맛있는 찰밥을 실컷 먹게 생겼으니까 말이야. 자기가 주운 감 씨는 아무것도 아니지. 감 씨를 어디에 써? 먹을 수가 있나, 팔 수가 있나, 가지고 놀 수가 있나.

그래서 원숭이가 게를 슬슬 구슬렸어.

"얘, 게야. 너 이 감 씨 갖고 싶지 않니? 이것 봐라, 얼마나 예쁘게

생겼니? 네가 가진 찰밥보다야 훨씬 낫지."

자꾸 구슬리면 귀가 솔깃해지는 법이거든.

"네가 가진 찰밥하고 이 감 씨하고 바꿀까? 뭐, 내가 손해지만 크게 인심 쓰는 거다."

그래서 게가 그만 그 꼬임에 넘어갔어. 덜컥 찰밥하고 감 씨하고 바꿔 버렸지.

원숭이는 찰밥을 냠냠 맛있게 먹고, 게는 감 씨를 가지고 집에 갔어. 그러고는 감 씨를 집 앞에 심었지. 그랬더니 얼마 안 가 싹이 나고, 얼마 안 가 잎이 나고, 얼마 안 가 가지가 죽죽 벋는 거야. 쑥쑥 자라서 큰 나무가 되더니, 가지마다 잘 익은 감이 주렁주렁 열렸어.

이때 마침 원숭이가 지나가다가 그걸 봤네. 먹음직스러운 감을 보

니 절로 침이 꿀꺽 넘어가거든.

"얘, 게야. 너 저 감나무에 열린 감이 먹고 싶지? 내가 올라가서 따 줄까?"

게는 얼른 그러라고 했어. 원숭이는 잽싸게 나무에 올라가서는, 잘 익은 감은 제가 따 먹고 떫은 감은 밑에 있는 게한테 던져 줬지. 게가 감을 받아서 먹어 보니까 몹시 떫거든.

"에잇, 퉤퉤. 왜 이리 떫어?"

"떫긴 뭐가 떫다고 그래? 맛만 있는걸."

원숭이는 나무 위에서 맛있게 잘 익은 감을 몽땅 다 따 먹고서야 내려왔어.

며칠 있다가, 하루는 또 원숭이가 게를 찾아와서 그러는 거야.

"얘, 게야. 너 떡 먹고 싶지 않니? 내가 맛있는 떡 있는 곳을 알거든. 가서 같이 먹을래?"

게는 맛있는 떡이란 말에 귀가 솔깃해서 원숭이를 따라나섰어. 원숭이는 게를 사람 사는 마을로 데려갔지.

마침 명절을 앞두고 사람들이 집집마다 송편을 많이 빚고 있었거든. 원숭이가 어떤 부잣집으로 게를 데리고 갔어. 가서 울타리 사이로 가만히 들여다보니, 그 집 식구들이 다들 부엌에 나와서 송편을 찌느라고 분주해. 원숭이가 그걸 보고 게한테 가만히 일렀어.

"얘, 너 살금살금 안방에 기어 들어가거라. 가 보면 아기가 혼자서 자고 있을 거야. 그러면 아기 다리를 네 집게발로 꽉 집어리."

"그러면 떡이 생기나?"

"그럼, 생기고말고."

게는 원숭이가 시킨 대로 살금살금 안방으로 기어 들어갔어. 그 집 식구들은 모두 송편 찌는 데 정신이 팔려 바로 옆에서 게가 기어가는지 어쩌는지 알지도 못해. 게는 그사이에 안방에 들어가서, 원숭이가 시킨 대로 집게발로 아기 다리를 집었지. 그런데 막상 집으려고 하니까 불쌍한 마음이 들어서, 원숭이가 시킨 대로 꽉 집지는 못하고 꼭 집었어. 살짝 집었단 말이야.

 어쨌거나 다리를 집혔으니 아기는 잠에서 깰 수밖에 없지. 깨어나서는 "응애응애." 하고 울어.

 "어이쿠, 아기가 우네. 어서 방에 들어가 보자."

 밖에 있던 식구들이 깜짝 놀라서 우르르 방으로 다 들어가 버렸네. 그 바람에 부엌에는 아무도 없고, 찌다 만 송편만 솥에 가득 들어 있지. 원숭이는 그 틈을 타서 얼른 송편을 훔쳐 내었어. 그리고 저 혼자 먹으려고 떡을 가지고 뒷산으로 내뺐지.

 게가 밖으로 엉금엉금 기어 나와 보니, 마침 원숭이가 떡을 가지고 뒷산으로 내빼고 있거든.

 "얘, 원숭이야. 나랑 같이 먹자."

 게는 얼른 원숭이를 따라갔어. 그런데 도무지 따라잡을 수가 없네.

원숭이는 빠르고 게는 느리니까 안 되지. 있는 힘을 다해 기어가도 어림도 없어.

기를 쓰고 올라가다 보니, 나무 위에서 부스럭부스럭 소리가 들리거든. 쳐다보니까 원숭이란 놈이 혼자서 나무에 올라가 떡을 먹고 있는 거야. 게가 나무 위에 못 올라온다는 걸 알고서 약을 올리느라고 그러는 거지.

게는 나무 밑에서 원숭이를 쳐다보고 사정을 했어.

"얘, 원숭이야. 그 떡 나한테 하나만 던져 다오."

그래도 원숭이는 들은 척 만 척, 혼자서 떡을 먹는 거야. 냠냠 소리까지 내 가며 맛있게 먹지.

"얘, 원숭이야. 제발 부탁이다. 내가 배고파서 그러니 하나만 던져 다오. 아니, 반 개만 던져 다오. 아니, 반의반 개라도 좋아."

그래도 원숭이는 들은 척 만 척이야. 게는 나무 밑에 쭈그리고 앉아 원숭이가 떡을 던져 주기만을 기다렸어.

그때 마침 바람이 세차게 불어서 나뭇가지가 마구 이리저리 흔들리는 거야. 그 바람에 원숭이가 들고 있던 떡을 놓쳐 버렸지. 떡이 땅에 툭 떨어지니까, 게가 얼른 그걸 주워서는 옆에 있는 바위틈에 기어들어갔어. 그러고는 떡을 맛있게 먹었지.

뒤늦게 원숭이가 나무에서 내려와 보니, 게가 바위틈에 들어가 떡을 맛있게 먹고 있단 말이야.

"얘, 게야. 그 떡 원래 내 것이다. 그러니 돌려다오."

그래도 게는 들은 척 만 척, 혼자서 떡을 먹기만 해.

"얘, 너 안 돌려줄 거야? 혼나기 전에 돌려줘."

그래도 들은 척 만 척이지.

원숭이는 화가 나서, 어떻게든 바위틈으로 들어가려고 애를 썼어. 들어가서 게를 혼내 주고 떡을 빼앗으려고 말이야. 그런데 바위틈이 좁아서 들어갈 수가 있나. 억지로 들어간다는 게 궁둥이부터 들이밀었지. 그리고 힘을 줘서 궁둥이를 바위틈으로 막 밀어 넣었어.

게가 떡을 먹다 보니, 원숭이 궁둥이가 바위틈으로 막 들어오거든. 자꾸자꾸 들어오니까 이거 안 되겠다 하고 원숭이 궁둥이를 집게발로 집어 버렸어. 이번엔 아까 아기한테 그랬던 것처럼 꼭 집지 않고

꽉 집었지. 아주 힘을 잔뜩 줘서 세차게 집었단 말이야.

"아이고, 내 궁둥이야!"

그 서슬에 원숭이가 깜짝 놀라서 얼른 바위틈에서 궁둥이를 빼내려고 했어. 그런데 궁둥이가 안 빠져. 게가 집게발로 꽉 집고 안 놔 주니까 그렇지. 게는 안 놔 주고, 원숭이는 빼내려고 하고, 한참 그렇게 실랑이를 하다가 원숭이가 젖 먹던 힘까지 다 내서 궁둥이를 확 빼냈어.

그런데 그만 원숭이 궁둥이에 붙어 있던 털이 쏙 빠져 버렸네. 털이 몽땅 뽑히니까 빨개진 맨살이 드러났지. 그리고 게 집게발에는 원숭이 궁둥이에서 빠진 털이 그대로 붙어 버렸어.

이제 알았지? 원숭이 궁둥이는 그때부터 빨개졌고, 게 집게발에는 그때부터 털이 붙어 있게 된 거란다. 하하하.

토끼 꼬리는 왜 짧은가?

 토끼 꼬리는 깡똥하니 짧잖아. 호랑이 꼬리는 길쭉하고. 그게 그렇게 된 데는 다 사연이 있다는데, 오늘은 그 얘기를 해 볼까.

 옛날에 설악산에 사는 여우란 놈이 금강산 구경을 하러 갔어. 가 보니 참 경치가 좋거든. 몇 날 며칠 돌아다니면서 이곳저곳 구경을 하는데, 하루는 산꼭대기에서 내려다보니 저 아래 골짜기에서 호랑이 한 마리가 어슬렁어슬렁 올라오고 있단 말이야.
 '이키, 저 호랑이가 여기까지 올라오면 반드시 나를 볼 테고, 그러면 당장 잡아먹으려 들겠지. 무슨 수를 내야겠다.'
 궁리 끝에 꾀를 하나 냈어. 얼른 떡갈나무 잎을 둥글게 말아 머리에 얹고 소나무 가지를 하나 꺾어 들고는, 바위 위에 올라서서 목청을 가다듬고 크게 소리를 질렀지.
 "네 이놈, 호랑이야. 너 잘 만났다. 나는 하늘나라 옥황상제 명을 받

고 내려온 우여 장군이다. 네가 땅에서 애먼 짐승들을 괴롭힌단 말을 듣고, 옥황상제께서 너를 없애라고 나를 내려보내셨느니라. 내가 그동안 팔도를 돌아다니면서 호랑이란 호랑이는 다 잡아먹고 이제 금강산에 왔는데, 호랑이가 없어서 그냥 갈까 하던 차에 너를 만났으니 잘 됐구나. 어서 올라와서 목숨을 바쳐라."

호랑이가 그 소리를 듣고 깜짝 놀라 고개를 들고 쳐다보니, 산꼭대기 바위 위에 무엇이 우뚝 서서 호령을 하는 거야. 몸뚱이는 홀쭉하고 주둥이는 툭 튀어나오고 다리는 짤막한 것이 어디서 많이 보던 짐승 같은데, 머리에 커다랗고 둥근 걸 쓰고 기다란 작대기 같은 걸 들고 있거든. 그게 마치 투구 같고 칼 같단 말이야. 하늘나라 무슨 장군이 자기를 잡아먹으러 왔다니 겁이 안 날 수 있나.

'어이쿠, 여기서 우물쭈물하다간 저놈한테 잡아먹히고 말겠다. 어서 도망가자.'

호랑이는 걸음아 날 살려라, 뒤도 안 돌아보고 달아났지. 골짜기를 따라 한참을 달아나다 보니, 토끼 한 마리가 깡충깡충 뛰어오다가 오도카니 서서 물어.

"호랑이님, 호랑이님. 어딜 그리 바삐 가시나요?"

"말도 마라. 하늘나라 장군인지 뭣인지가 옥황상제 명을 받고 나를 잡아먹으러 왔다지 않느냐? 그래서 똥줄 빠지게 도망가는 중이다."

토끼가 고개를 갸웃갸웃하더니 다시 물어.

"그 장군인지 뭣인지가 어떻게 생겼던가요?"

"몸뚱이는 홀쭉하고 주둥이는 툭 튀어나오고 다리는 짤막한 것이 낯이 좀 익긴 한데, 커다란 투구를 쓰고 무시무시한 칼을 든 것이 아무래도 장군 같더라."

"그 장군이 자기 이름은 대지 않던가요?"

"음, 그러고 보니 우여 장군인가 뭔가라고 하더라."

그 말을 들은 토끼가 우스워 죽겠다는 듯이 배를 잡고 웃지.

"아이고, 우스워라. 호랑이님, 그것은 하늘나라 장군도 뭣도 아니고 여우예요. '여우'를 거꾸로 말하면 '우여'가 되지요. 여우가 호랑이님께 잡아먹힐까 봐 선수를 친 거라고요. 머리에 커다란 걸 뒤집어쓰고 기다란 걸 들고 호랑이님을 속인 거예요."

"뭐? 그게 여우라고? 설마?"

"아, 그렇다니까요."

호랑이가 듣고 보니 그런 것 같기도 하고 아닌 것 같기도 하거든. 어찌 생각하니 여우한테 속은 것도 같고, 또 어찌 생각하니 정말로 하늘나라 장군인 것도 같고, 도무지 갈피를 잡을 수 없단 말이야. 그래서 우물쭈물하고 있으니까 토끼가 아주 오금을 박아.

"정 못 믿겠으면 나랑 같이 다시 가 봐요."

"뭐라고? 아서라, 거기 도로 갔다가 무슨 변을 당하려고?"

겁 많고 의심 많은 호랑이는 좀체 토끼 말을 믿으려 들지 않지. 그래서 토끼가 호랑이 마음을 놓게 하려고 좋은 말로 달랬어.

"그럼 우리 이렇게 해요. 호랑이님 꼬리와 제 꼬리를 서로 맞잡아 매고 가요."

호랑이가 가만히 생각을 해 보니, 그렇다면 가 볼 만도 하겠거든. 둘이 꼬리를 서로 맞잡아 매고 가면 죽더라도 같이 죽을 텐데, 토끼란 놈이 공연히 제 발로 저 죽을 곳을 찾아가지는 않을 거란 말이야.

"응, 그럼 그럴까?"

호랑이는 토끼하고 꼬리를 서로 맞잡아 맸어. 그때는 토끼도 꼬리가 길 때니까 매기가 아주 쉬웠지. 그렇게 딱 맞잡아 매고서 이제 산 위로 다시 올라가는 거야.

이때 여우는 호랑이를 속여서 내쫓고 혼자서 콧노래를 부르며 좋아했어.

'아이고, 이제 살았다. 그놈의 호랑이를 내쫓고 나니 이제는 내 세상일세.'

그러고 있는데, 아 저 아래서 호랑이란 놈이 도로 올라오고 있지 뭐야. 가만히 보니 혼자 오는 게 아니라 토끼 한 마리를 데리고 오는데, 그것도 둘이서 꼬리를 서로 맞잡아 매고 올라오는 거야.

'아니, 저게 뭐야? 호랑이가 토끼를 매달고 오잖아? 옳아, 틀림없이 토끼란 놈이 호랑이를 꾀어서 내가 누군지 밝히려고 올라오나 보군.'

여우는 아까처럼 떡갈나무 잎을 머리에 쓰고 소나무 가지를 들고 바위 위로 올라갔어. 그리고 젖 먹던 힘까지 다 내어 크게 소리를 질렀지.

"옳거니, 토끼야. 네가 약속을 잘 지키는구나. 네가 어젯밤에 나한테 와서 호랑이를 산 채로 바치겠다더니, 그 약속을 지키려고 호랑이를 끌고 오느냐? 그래, 어서 올라오너라. 마침 배가 몹시 고프던 참인데 잘 되었다."

호랑이가 그 말을 듣고 보니 등골이 서늘하거든.

'이키, 이제 보니 저 토끼란 놈이 나를 속였군. 이대로 올라가면 하늘나라 장군이 토끼는 풀어주고 나만 잡아먹을 테지. 에라, 모르겠다. 어서 도망가자.'

겁에 질린 호랑이는 그길로 몸을 돌려 골짜기 아래로 냅다 달리기 시작했어. 그런데 토끼하고 꼬리를 맞잡아 매놨으니 어떻게 되겠어? 호랑이는 앞만 보고 달리고, 토끼는 호랑이 꼬리에 거꾸로 대롱

대롱 매달린 채 허공에 붕 떠서 가는 판이야.

"아이고, 호랑이님. 왜 이러세요? 도망가려거든 나 좀 내려놓고 가세요."

"흥, 누구 좋으라고 내려놔?"

토끼가 애원을 해도, 호랑이는 막무가내로 달리기만 하지.

그렇게 한참 달리다가 호랑이가 나무뿌리를 뛰어넘게 됐어. 펄쩍 뛰어넘다가 꼬리가 나무뿌리에 탁 부딪혔지. 그 바람에 꼬리를 맞잡아 매 놓은 곳이 툭 끊어졌어. 그래서 토끼는 떨어져 나가고, 호랑이 혼자서 달리게 됐어. 내처 달려서, 백두산까지 달렸다나 뭐라나.

그런데 꼬리 맞잡아 맨 곳이 끊길 때 어느 쪽으로 끊겼냐면 토끼 꼬리 쪽으로 바투 끊겼어. 그러니까 토끼 꼬리는 깡뚱하니 짧아지고, 호랑이 꼬리는 토끼 꼬리까지 매달아 더 길쭉하니 늘어났지.

토끼 꼬리가 짧고 호랑이 꼬리가 길쭉하게 된 건 이때부터란다.

메뚜기 이마가 벗어진 내력은?

 개미는 허리가 잘록하고, 황새는 부리가 길쭉하고, 메뚜기는 이마가 벗어진 것처럼 매끈하지. 그게 왜 그런지, 이제부터 그 얘기를 할 테니 잘 들어 봐.

 옛날에 개미하고 황새하고 메뚜기가 살았어. 살았으니까 얘기가 되지, 안 살면 어디 얘기가 되나?
 그렇게 살다가, 하루는 더운 여름인데 셋이 모여 놀았어. 놀다가 보니 배가 고프거든.
 "애들아, 우리 이럴 게 아니라 내기를 하자. 가위바위보를 해서 지는 놈이 먹을 것을 구해 오기로 하자."
 "그래, 그러자."
 이렇게 의논을 하고서 가위바위보 내기를 했어. 해 보니까 개미란 놈이 졌네. 하릴없이 개미가 먹을 것을 찾으러 나섰어.

개미가 여기저기 발발 기어 다니다 보니, 길에 웬 아낙이 커다란 함지를 머리에 이고 가거든. 그게 점심밥이 든 함지지. 들에서 일하는 일꾼들 점심밥 해서 갖다주려고 가는 거야.

개미가 옳다구나 하고서 살금살금 아낙 발등으로 기어 올라갔어. 올라가서 발등을 꽉 깨물었지.

"아이고, 따가워."

아낙이 놀라서 펄쩍 뛰다가 머리에 인 밥 함지를 떨어뜨리고 말았어. 그러니까 밥이 다 쏟아졌지.

"에구머니, 이를 어째?"

밥을 흙바닥에 쏟아 버렸으니 못 먹지. 개미와 황새와 메뚜기는 먹어도 사람은 못 먹으니까, 아낙이 혀를 차며 그냥 돌아섰어. 쏟은 밥은 그냥 두고, 집에 가서 새로 밥을 담아 오려는 참이야.

그러니까 개미가 얼른 황새와 메뚜기를 데려와서, 셋이 밥을 실컷 먹었어. 밥을 그냥 길바닥에 허옇게 쏟아 놨으니 그게 좀 많아? 셋이서 아주 배를 두드려 가며 푸지게 먹었지.

그러고 나서 그 이튿날 셋이 또 모여 놀았네. 놀다 보니 또 슬슬 배가 고파 오거든. 그러니까 개미가 그러지.

"얘들아, 어젠 내가 먹을 것을 찾았으니까 오늘은 너희들이 찾아오너라."

그래서 황새와 메뚜기가 가위바위보를 했어. 하니까 메뚜기란 놈이 졌네. 하릴없이 메뚜기가 먹을 것을 찾아 나섰어.

메뚜기가 어디로 갔느냐면 냇가로 갔어. 냇가로 가서 팔짝팔짝 뛰어다니다 보니, 냇물 속에서 물고기 한 마리가 어슬렁어슬렁 헤엄을

치고 놀거든.

"야, 저 물고기 한 마리 잡으면 우리 셋이 실컷 먹겠는걸."

메뚜기가 다짜고짜 물속으로 뛰어들었어. 그런데 그게 참 우스운 꼴이지. 메뚜기 저는 조그마하고 물고기는 저보다 큰데 그걸 어떻게 잡아? 게다가 메뚜기는 물속에서 헤엄도 못 치잖아. 그런 주제에 겁도 없이 물속으로 뛰어들었으니 어떻게 되겠어?

물고기가 가만히 보니까 뭐 조그마한 것이 물속으로 폴짝 뛰어 들어온단 말이야.

"어라, 저게 뭐지? 내가 잡아먹어야겠다."

그러고는 날름 삼켜버렸어. 메뚜기는 속절없이 물고기 뱃속으로 들어갔지. 물고기 뱃속에 들어갔으니 뛸 수가 있나, 날 수가 있나. 갑갑한 데서 그냥 이리 꼼지락 저리 꼼지락 돌아다니기만 하는 거야.

개미하고 황새는 아무리 기다려도 메뚜기가 안 오니까 찾아보기로 했어. 둘이서 여기저기 돌아다니다가 냇가에 가니까, 웬 물고기 한 마리가 냇물에 들어갔다 나왔다 하거든. 물고기는 메뚜기가 뱃속에서 꼼지락거리니까 배가 간지러워서 그러는 거야.

"어라, 웬 물고기냐? 저걸 잡아먹어야겠다."

황새가 성큼성큼 물속으로 들어갔어. 그러고는 긴 부리로 물고기를 냉큼 물고 나와 모래밭에 내동댕이쳤지. 그랬더니 어라, 물고기 뱃속에서 메뚜기가 톡 튀어나오지 뭐야. 그런데 이놈의 메뚜기가 그냥 나오는 게 아니라 잔뜩 거드름을 피우면서 나와.

"어휴, 이놈의 물고기 잡느라고 힘깨나 썼더니 덥다, 더워."

그러면서 자기 이마를 쓱 쓰다듬어 넘기지. 그 바람에 메뚜기 이마가 그만 훌러덩 벗어졌어. 오래 더운 데 들어가 있느라고 푹 익어서 그렇지. 그때부터 메뚜기 이마가 매끈하게 됐어.

그걸 본 황새는 잔뜩 토라졌지. 일껏 물고기를 잡아 놨더니 메뚜기란 놈이 그 속에서 나오면서 제가 잡은 것처럼 큰소리를 치니까 말이야. 잔뜩 토라져서 입을 쏙 내밀다가 그만 부리가 쑥 빠져 버렸네. 황새 부리가 길쭉하게 된 건 그때부터야.

개미가 그 꼴을 보니 참 우습거든. 황새도 우습지만 메뚜기는 더 우습잖아. 얼마나 우스운지 허리를 잡고 깔깔 웃어댔지. 그 바람에 그만 허리가 잘록하게 됐어. 너무 웃어서.

이제 알았지? 왜 개미는 허리가 잘록하고 황새는 부리가 길쭉하고 메뚜기는 이마가 벗어져 매끈한지를?

두꺼비, 배가 나오고 등이 우둘투둘한 까닭은?

　두꺼비는 배가 불뚝 나왔지. 뭘 잔뜩 먹은 것처럼. 또 등은 우둘투둘하잖아. 뭐가 잔뜩 붙어 있는 것처럼. 그게 그렇게 된 데는 다 까닭이 있단다. 그 얘기 한번 들어 보련?

　옛날 어느 산골짜기에 두꺼비하고 토끼하고 여우가 살았어. 두꺼비는 엉금엉금 기고, 토끼는 깡충깡충 뛰고, 여우는 살금살금 기어 다니니까 언제나 두꺼비가 꼴찌였지. 뭘 가지러 갈 때도 꼴찌, 뭣에 쫓길 때도 꼴찌, 뭘 먹을 때도 꼴찌, 이러니까 늘 손해를 보고 살아, 두꺼비가.

　하루는 셋이서 길을 가다가 떡을 한 바구니 주웠어. 떡을 주웠으면 셋이서 똑같이 나눠 먹으면 좀 좋아? 여우란 놈이 욕심이 많아서 저 혼자 다 차지할 궁리를 했어. 가만히 생각해 보니 내기를 하면 좋을 것 같거든. 무슨 내기든 하기만 하면 자기가 이길 것 같으니까. 그래서 얼른 말을 꺼냈어.

"애들아, 우리 내기를 해서 이긴 놈이 떡을 다 갖기로 하자."

"무슨 내기?"

"떡이라고 하는 건 술이랑 안 맞으니까, 술을 가장 못 먹는 놈이 이기는 걸로 하자."

그러고 나서 여우가 먼저 술 못 먹는 자랑을 했어.

"나는 술 냄새만 맡아도 취한다."

그러니까 토끼가 한술 더 뜨네.

"나는 밀밭 근처에만 가도 취한다."

그 말을 들은 두꺼비가 비틀비틀하다가 픽 쓰러져.

"두꺼비야, 왜 그러니?"

둘이서 흔들어서 겨우 깨워 놨지. 그랬더니 두꺼비가 이러네.

"아이고, 말도 마라. 나는 술 얘기만 들어도 취한다. 너희들이 술 얘기를 해서 그만 취해 버렸다."

그러니까 두꺼비가 이겼지. 여우는 술 냄새만 맡아도 취하고 토끼는 밀밭 근처에만 가도 취하는데, 두꺼비는 술 얘기만 들어도 취한다니까, 술 못 먹기로 치면 두꺼비가 일등이잖아.

약속대로라면 떡은 두꺼비 차지가 되는데, 욕심 많은 여우가 어디 순순히 떡을 내놓고 싶겠어? 얼른 다른 꾀를 냈지.

"얘들아, 가만히 생각해 보니 이 내기는 틀렸다. 술 못 먹는 게 무슨 대수냐? 다른 내기를 하자."

"무슨 내기?"

"옛날부터 음식은 나이 많은 차례대로 먹는다고 했으니, 나이 가장 많은 놈이 이기는 걸로 하자."

그러고 나서 여우가 먼저 나이 자랑을 했어.

"나는 옛날 태곳적 저 하늘에 달이 박힐 때 났다."

그러니까 토끼도 질 수 없다는 듯이 자랑을 하지.

"나는 옛날 태곳적 저 하늘에 별이 박힐 때 났다."

그 말을 들은 두꺼비가 갑자기 눈물을 줄줄 흘리며 울어.

"두꺼비야, 왜 그러니?"

둘이 달래서 겨우 울음을 그치게 했지. 그랬더니 두꺼비가 한다는 말이 이래.

"아이고, 서러워라. 옛날 태곳적 우리 큰아들은 저 하늘에 달을 박다가 죽고, 작은아들은 별을 박다가 죽었는데, 너희들이 그 얘길 하니까 아들들 생각이 나서 운다."

그러니까 이번에도 두꺼비가 이겼지. 여우는 하늘에 달이 박힐 때

났고, 토끼는 별이 박힐 때 났는데, 두꺼비는 아들 둘이 달과 별을 박다가 죽었다고 했으니 두꺼비 나이가 가장 많은 셈이잖아.

약속대로라면 떡은 두꺼비 차지가 되는데, 욕심 많은 여우가 이번에도 어디 순순히 떡을 내놓을까? 얼른 다른 꾀를 냈어.

"얘들아, 가만히 생각해 보니 이 내기도 틀렸다. 나이 많은 게 무슨 대수라고? 다른 내기를 하자."

"무슨 내기?"

"뭐니 뭐니 해도 길에 떨어진 건 먼저 줍는 놈이 임자 아니겠니? 그러니 이 떡 바구니를 저 산 아래로 굴리자. 그리고 우리 셋이 따라가서 먼저 줍는 놈이 이기는 걸로 하자."

그러고 나서 떡 바구니를 산 밑으로 굴렸어. 떡 바구니가 대굴대굴 굴러가자 셋이서 그걸 뒤쫓았지. 여우와 토끼는 걸음이 빠르니까 정신없이 바구니를 따라 달리는데, 두꺼비는 걸음이 느리니까 달리지를 못하고 그냥 엉금엉금 기어가.

그런데 떡 바구니가 산비탈을 대굴대굴 굴러가는 동안에 속에 든 떡이 얌전하게 가만히 있을 리 있나. 덜컹거릴 때마다 한 뭉텅이씩 뚝뚝 떨어져 나가지. 떨어진 떡 뭉텅이는 그 자리에 붙어 있고 바구니만 굴러가는 거야.

떡이 조금 굴러가다가 한 뭉텅이 떨어져 나가고, 또 조금 굴러가다가 한 뭉텅이 떨어져 나가고, 그래서 나중에는 빈 바구니만 굴러갔어. 여우와 토끼는 그것도 모르고 정신없이 바구니만 보고 달렸지.

드디어 바구니가 산 밑에까지 굴러가서 멈춰 섰어. 여우와 토끼가 앞다투어 바구니를 잡고 안을 들여다보니, 아뿔싸 이게 뭐야. 빈 바구니일세. 굴러오다가 떡은 다 떨어져 나가고 빈 바구니만 달랑 내려왔단 말이야.

여우와 토끼는 하릴없이 산을 도로 올라갔어. 허위허위 올라가다 보니 두꺼비란 놈이 길바닥에 앉아서 배를 두드려가며 떡을 우물우물 먹고 있네. 가만히 보니 그새 그 많은 떡을 거의 다 먹고 부스러기 조금만 남겨 놨어. 두꺼비가 맨 뒤에 따라오면서 바구니에서 떨어져 나온 떡을 몽땅 주운 거야.

"아이고, 너희들 고생했다. 이거라도 먹어라."

그러면서 두꺼비가 남은 떡 부스러기를 내놔. 그걸 보고 여우가 그만 부아가 잔뜩 나서, 떡 부스러기를 받아서는 두꺼비 등에다가 확 패대기쳤지.

"아나, 너나 혼자 많이 먹어라."

그 바람에 떡 부스러기가 두꺼비 등에 척 달라붙어 버렸어. 얼마나 세게 패대기쳤는지, 그만 두꺼비 등에 짝 달라붙어서 다시는 안 떨어지더란 말이야. 우둘투둘하니 그냥 붙어 있지.

또 두꺼비는 그때 떡을 어찌나 많이 먹었는지, 그만 배가 불뚝 나와 버렸어. 그렇게 나온 배는 다시 들어갈 생각을 안 하지.

두꺼비 등이 우둘투둘하고 배가 불뚝 나온 건 그때부터란다.

메기 머리는 왜 납작한가?

 물에 사는 물고기들 모양이 다 제각각이지. 이를테면 메기는 머리가 납작하고, 가자미는 눈이 한쪽으로 쏠렸지. 그런가 하면 새우는 등이 휘었고, 병어는 입이 뾰족하잖아. 거기에는 다 내력이 있다는데, 대체 어떤 내력일까?

 옛날 옛적, 호랑이가 담배 피우고 까막까치 말할 적 이야기야. 그때는 메기가 바다에 살았는지, 남해 바다에 나이 칠백 살이나 먹은 메기가 살았대. 메기는 몸집도 크고 힘도 세서, 근처 물고기들 사이에서 대장 노릇을 하고 있었지.
 그 메기가 하루는 꿈을 꾸었어. 깨고 보니 참 이상한 꿈인데, 대체 무슨 꿈인지 알 수가 있어야지. 그래서 부하 노릇 하는 물고기들을 불러 물어봤어.
 "내가 간밤에 이상한 꿈을 꾸었는데, 무슨 꿈인지 알 수가 없다. 너희들 가운데 꿈풀이 잘하는 물고기가 있느냐?"

그러니까 모여든 물고기들 가운데 병어가 냉큼 나서서 물어.

"어떤 꿈을 꾸었기에 그러십니까?"

메기가 점잖게 수염을 한번 쓰다듬고 나서 꿈 얘기를 시작했지.

"어떤 꿈이냐면 말이다. 내가 금줄에 매달려 높이 올라갔다가 아래로 뚝 떨어졌다. 그러니까 열 놈이 나를 들어서 둥근 가마에 태워 둥실둥실 싣고 가더니 누른 평상에 눕히더구나."

"그것참 좋은 꿈입니다."

듣고 있던 병어가 불쑥 나서니까, 메기가 눈을 흘기며 지청구를 해.

"좀 더 들어봐라. 그래서 평상에 누워 있으려니까 은빛 너울이 내 몸으로 왔다 갔다 하고 하얀 눈이 펄펄 내리더니 음지가 양지 되고 몸이 뜨뜻해지더라. 그다음에는 기둥 둘 있는 사다리를 타고 붉은 고개를 넘어가다가 꿈을 깼다."

"야, 그것참 정말로 좋은 꿈입니다."

병어가 기어이 나서서 꿈풀이를 하는데, 좋은 말만 골라서 해.

"금줄에 매달려 높이 올라갔다가 아래로 뚝 떨어지는 것은 하늘나라에 올라가 구름 위에 내려앉는 것이요, 열 놈이 들어서 둥근 가마에 태워 누른 평상에 눕히는 것은 하늘나라 가마꾼들이 큰 가마에 메기님을 태워 용상에 모시는 것이지요."

"허허, 듣고 보니 좋은 꿈이로군. 그럼 그다음은 뭐냐?"

"예, 은빛 너울이 몸으로 왔다 갔다 하는 것은 귀한 옷을 입는 것이

 요, 하얀 눈이 내리고 음지가 양지 되어 몸이 뜨뜻해지는 것은 추운 겨울이 지나가고 따뜻한 봄이 오는 것이요, 사다리를 타고 붉은 고개를 넘는 것은 높은 곳에 오르는 것이지요. 그러니 이 꿈은 메기님이 곧 옥황상제의 부름을 받고 하늘나라에 올라 높은 벼슬을 할 꿈입니다."

 꿈풀이를 들은 메기는 얼마나 기분이 좋은지 입이 함지박만 하게 벌어졌어. 연신 '에헴, 에헴' 헛기침을 하고 수염을 쓰다듬으며 금방이라도 하늘나라 벼슬을 받은 듯이 뽐을 냈지.

 그때 잠자코 있던 가자미가 썩 나서서 호통을 치네.

 "병어, 네 이놈! 꿈풀이를 하려면 옳게 할 것이지, 어디서 되지도 않는 거짓말을 주워섬기느냐?"

 모두가 놀라서 가자미를 쳐다봤지. 메기도 입을 실룩실룩하면서 가자미를 보고 따지듯이 물어.

 "거짓말이라니, 그럼 참말은 무엇이냐? 어디 네놈 꿈풀이를 들어 보자."

가자미는 점잖게 입을 열어 꿈풀이를 하는데, 술술 거침이 없어.

"하라면 하지요. 금줄에 매달려 높이 올라갔다가 아래로 뚝 떨어지는 것은 낚싯줄에 걸려 공중에 올라갔다가 떨어지는 것이요, 열 놈이 들어서 둥근 가마에 태워 가는 것은 손가락 열 개가 잡아서 바구니에 담아 가는 것입니다."

"뭐라고? 그럼 내가 낚시에 걸린단 말이냐?"

듣고 있던 메기가 수염을 곤두세우며 따지는데, 가자미는 눈썹 하나 까딱 안 하고 말을 잇네.

"누른 평상에 눕히는 것은 도마에 얹히는 것이요, 은빛 너울이 몸으로 왔다 갔다 하는 것은 부엌칼에 몸이 썰리는 것이지요. 하얀 눈이 펄펄 내리고 음지가 양지 되어 몸이 뜨뜻해지는 것은 소금을 뿌려서 화덕에 굽히는 것이고, 기둥 둘 있는 사다리를 타고 붉은 고개를 넘어가는 것은 젓가락에 집혀 목구멍으로 넘어가는 것입니다. 그러니 이 꿈은 낚시꾼에게 잡혀 고기반찬이 될 꿈이지요."

듣고 있던 물고기들이 다들 고개를 끄덕끄덕해. 한 마디 한 마디 틀린 곳 하나 없이 모두 그럴듯하니까 그렇지. 그런데 이게 메기한테는 마른하늘에 날벼락 같은 소리잖아. 여태 칠백 년 동안 아무 탈 없이 살았는데, 이제 와 낚시꾼한테 잡혀 고기반찬이 된다니 말이야.

"뭐라고? 네 이놈, 그걸 꿈풀이라고 하느냐?"

화가 머리끝까지 난 메기가 가자미한테 달려들어 다짜고짜 뺨을 크게 후려쳤지. 메기 힘이 얼마나 세었던지, 그 바람에 가자미 눈이 한쪽으로 홱 쏠려 버렸어.

얻어맞은 가자미는 어디 가만히 있나? 대뜸 메기를 밀어 눕히고는 온몸을 던져 머리를 깔고 앉았지. 어찌나 세게 깔고 앉았던지, 그 바람에 메기는 머리가 납작해졌어.

그걸 보고 새우는 배를 잡고 웃다가 그만 등이 휘어 버렸어. 얼마나 크게 웃었으면 등이 다 휠까.

그걸 보니 병어도 우스워 죽겠어. 그런데 마음 놓고 웃다가는 새우처럼 등이 꼬부라질지 모르잖아. 그래서 입을 쏙 내밀고 '호호호' 조그마하게 웃었지. 그러다가 그만 입이 뾰족하게 튀어나와 버렸어.

메기 머리가 납작하고, 가자미 눈이 한쪽으로 쏠리고, 새우 등이 휘고, 병어 입이 뾰족한 게 다 이 때문이란다. 하하하.

여기에 모아 놓은 이야기는 다 사람들 삶에서 나온 이야기야. 어떤 풍습이나 이름이 처음에 어떻게 생겼는지, 어떤 사물이 왜 그런 성격을 띠게 되었는지를 흥미진진하게 밝혀내는 이야기들이지. 읽어 보면 지금의 이치와는 맞지 않는 것도 있고, '정말일까?' 하는 생각이 드는 것도 있을 거야. 하지만 어디까지나 이야기는 이야기일 뿐이란다.

> 둘째 마당

아기자기 사람살이 이야기

연지 곤지를 찍게 된 내력은?

연지 곤지 알지? 새색시 시집갈 때 얼굴에 찍는, 동그랗고 빨간 점 말이야. 양쪽 볼에 둘, 이마에 하나, 이렇게 찍거든. 그게 처음에 어떻게 시작됐는지, 오늘은 그 얘길 하지.

옛날에 한 총각이 살았어. 총각이니까 아직 장가를 안 갔지. 장가를 안 갔으니까 색시도 없지. 그런데 이 총각, 그게 늘 궁금했어. 대체 누가 내 색시가 될까, 내 색시 될 사람은 누굴까, 늘 이게 궁금했단 말이야.

한번은 이 총각이 서울에 과거를 보러 갔어. 가다가 산속에서 날이 저물었는데, 마침 길가에 조그마한 초가집이 하나 있더래. 깊은 산속이라 마을도 없어서 어디서 자나 걱정하던 차에 잘 됐지 뭐야. 들어가서 하룻밤 묵어가기를 청했지. 그 집 주인은 호호백발 할머니인데, 선선히 그러라고 하더래. 그래서 그날 밤 그 집에서 묵게 됐어.

저녁을 먹고 나서 쉬는데, 주인 할머니가 커다란 책 한 권을 펴 놓고 뒤적뒤적해. 그러고는 빨간 실, 파란 실을 한 가닥씩 묶어서 매듭을 딱 지워서는 책에 끼우고, 끼우고 하는 거야. 궁금해서 어깨너머로 이렇게 넘겨다봤지. 그런데 책에 쓰인 글자가 처음 보는 글자라 도무지 읽을 수가 없어. 이 총각, 과거 공부깨나 하느라고 여태 책을 많이 읽어 봤거든. 웬만한 글자는 다 읽지. 그런데 이 책에 쓰인 글자는 뭐, 한 글자도 못 읽겠어.

"할머니, 그건 무슨 글자이기에 읽을 수가 없습니까?"

"이 세상 글자가 아니니 못 읽는 게 당연하지."

"이 세상 글자가 아니라고요? 그럼 대체 어디 글자입니까?"

"하늘나라 글자라네."

총각이 깜짝 놀랐지. 하늘나라 글자라니, 세상에 그런 글자가 있다는 말은 듣도 보도 못했거든.

"그럼 그 책에는 무엇이 적혀 있습니까?"

"응, 세상 사람들 혼인 연줄이 적혀 있다네."

"혼인 연줄이라고요?"

"그렇지, 처녀 총각이 짝을 만나는 인연 말일세."

총각이 그 말에 귀가 번쩍 뜨였어. 안 그래도 자기 색시 될 사람은 누구일까, 그게 늘 궁금했으니까. 한 가지 더 물어봤지.

"그러면 그 빨갛고 파란 실매듭은 무엇입니까?"

"이건 인연이 딱 정해져서 바꿀 수가 없다는 뜻이라네. 한 번 매듭

을 지어 놓으면 그 누구도 바꿀 수 없지."

총각이 바짝 다가앉으며 물었어.

"그럼 제 색시 될 사람이 누구인지도 알 수 있겠습니까?"

할머니는 한참 동안 망설이다가 고개를 끄덕끄덕해.

"원래는 가르쳐주면 안 되는 법이지만, 우리 집에 든 손님이니 특별히 가르쳐주지. 이름과 사는 곳과 사주를 말해 보게."

총각이 자기 이름과 사는 곳, 그리고 태어난 날과 시를 대니까 할머니가 한참 동안 책을 뒤적뒤적하더니 가르쳐주더래. 그런데 들어보니 기가 막혀.

"이 산을 넘어 삼십 리를 더 가면 마을이 하나 있을 걸세. 그 마을 우물가에 울타리 없는 집이 있는데, 그 집 세 살배기 어린아이가 장차 자네 색시가 될 걸세."

이러니 이게 기가 믹히지, 안 믹혀? 색시 될 사람이 이제 겨우 세 살이라니, 그게 말이나 돼? 이건 뭐, 영영 장가를 못 간다는 말이나 매한가지거든.

"어휴, 말도 안 됩니다! 혹시 다른 인연은 없겠습니까?"

"이미 빨간 실, 파란 실로 꽉 매어 놔서 바꿀 수 없는 인연이라네."

이튿날, 날이 밝아 총각은 그 집을 나와 또 길을 떠났어. 산을 넘어 한 삼십 리를 가니까 정말로 마을이 하나 나와. 우물가 울타리 없는 집을 찾아 기웃거리니까, 아니나 다를까 마당에 조그마한 여자아이 하나가 혼자서 놀고 있더래.

다가가서 이렇게 들여다보니까, 참 아이가 미워 죽겠어. 이 아이만 아니면 다른 좋은 인연을 만나 장가들어 잘 살 텐데 싶으니까 그렇지.
"너 때문에 내 팔자만 사나워졌구나."
총각은 두 손으로 아이 양 볼을 잡고 세게 꼬집었어. 그러고는 이마에 꿀밤도 하나 먹였지. 그러니까 아이 양 볼에 손톱자국이 나고 이마에는 혹이 날 거 아니야? 아이는 아파서 자지러지게 울고, 그제야 정신이 번쩍 든 총각은 뒤도 안 돌아보고 냅다 도망을 갔어.
그러고 나서는 웬일인지 나쁜 일만 생기더래. 과거는 봤다 하면 떨어지고, 집안 살림은 나날이 기울고, 그러니

장가가는 건 아예 꿈도 못 꾸지. 그저 죽지 못해 사는 거야. 참 살맛이 안 나.

이러구러 한 십오 년이나 세월이 흘렀는데, 그제야 나쁜 운이 다했는지 과거에 떡하니 붙었네. 과거에 붙었으니 벼슬자리도 얻었지. 어떤 벼슬자리냐면 고을 원님 자리야. 원님이 되어 고을에 내려가 동헌에 자리를 잡고서, 하루는 아전들을 불러다 놓고 속내를 털어놨지.

"부끄럽지만 내가 아직 장가를 못 갔소. 어쩌다 보니 나이 마흔 줄에 아직도 인연을 못 만났다오. 그러니 이 고을에 괜찮은 처녀가 있으면 중매를 좀 서 주시오."

그랬더니 한 아전 하는 말이 참 좋은 자리가 하나 있다고 그러거든. 가난하지만 반듯한 집에서 사란 규수로, 나이는 열여덟 살이고 글공부와 집안일을 모두 잘한다고 그런단 말이야. 가만 들어보니 그만하면 훌륭하다 싶어서 중신아비를 보냈어. 그래서 혼삿말이 오고 가고 하다가 드디어 혼인 약속이 됐지.

마흔 줄 노총각이랑 열여덟 어린 처녀가 결혼이라니, 요즘 같으면 어디 가당키나 한 소리야? 그런데 옛날에는 그랬어. 나이가 어려도 시집 장가를 가고, 나이 차이가 제법 나도 집안 어른이 정해 주면 혼인을 해야만 했지.

아무튼 혼례 날이 돼서 초례청에 나가 보니까 색시가 곱게 단장을 하고 와 있는데, 가만히 보니 얼굴에 빨갛고 동그란 점을 세 개 붙여 놨네. 양쪽 볼에 둘, 이마에 하나, 이렇게 세 개를 붙여 놨단 말이야. 그때까지는 그런 법이 없었거든. 혼례 날 색시 얼굴에 뭘 찍고 그러는 법은 없었다니까.

이상해서 나중에 색시하고 단둘이 있을 때 물어봤어. 얼굴에 동그랗게 찍은 빨간 점이 대체 뭐냐고. 그랬더니 색시가 이러는 거야.

"제가 세 살 때 어떤 낯선 사람이 와서 느닷없이 제 양 볼을 꼬집고 이마를 때리는 바람에 제 얼굴 세 군데에 흉터가 생겼습니다. 그 흉터를 가리려고 이렇게 빨간 동그라미 모양으로 칠을 한 것입니다."

가만히 생각해 보니 십오 년 전에 과거 보러 가다가 세 살배기 어린 아이한테 그런 짓을 한 게 떠오르거든.

'아이고, 그때 그 아이가 자라서 이렇게 내 색시가 됐구나. 그 할머니 말대로 한번 정해진 인연이란 참 어쩔 수 없나 보다.'

 그런데 그렇게 얼굴에 빨간 동그라미를 찍어 놓으니까 그게 보기가 좋았나 봐. 그때부터 너도나도 새색시 얼굴에 동그란 점을 찍기 시작했지. 그게 연지 곤지야. 양 볼에 찍는 점 두 개가 연지고, 이마에 찍는 점 한 개가 곤지지.

소를 몰 때는 왜 '이랴'라고 할까?

예나 지금이나 소를 몰 때는 '이랴'라고 하잖아. 그게 왜 그런지 말해 주는 이야기가 있어. 어디 한번 들어 봐.

옛날 어느 집에서 새 며느리를 봤는데, 아 이 며느리가 들어오고부터 집안에 이상한 일이 자꾸 생기네. 어떤 일이냐면 이런 일이야.

가을에 벼를 떨면 가마니에 담아서 곳간에 쟁이거든. 하루는 일꾼들이 벼를 다 떨어 가마니에 담고 나니 날이 어둑어둑해지잖아.

"이건 내일 아침에 곳간에 쟁이자."

다들 벼 가마니를 마당에 놔두고 잠자러 갔지.

그런데 이튿날 아침에 와 보니까, 아니 이게 웬일이야? 그 많던 벼 가마니가 하나도 없어. 마당이 그냥 휑해.

"어이쿠, 이게 무슨 변이냐?"

모두 나서서 여기저기 찾아봤지. 그랬더니 글쎄, 곳간 안에 벼 가마니가 죄다 들어있어. 그 많은 벼 가마니가 어느새 곳간에 차곡차곡 쟁여져 있더란 말이지.

"야, 거참 귀신이 곡할 노릇이로군."

어쨌거나 잘된 일이지 뭐야. 손가락 하나 까딱 않고 그 무거운 것을 모두 곳간에 말끔하게 쟁이게 됐으니 말이야.

그날 저녁에 또 벼 가마니를 마당에 놔두고 잠자러 갔는데, 이튿날 아침에 와 보니 또 그래. 마당에 있던 벼 가마니가 죄다 곳간에 차곡차곡 쟁여져 있더란 말이지.

하도 이상해서 일꾼 가운데 하나가 그날 밤에 몰래 지켜보기로 했어. 그날도 벼 가마니를 마당에 죽 늘어놓고서는 모두 자러 가고, 일꾼 한 사람만 울타리 뒤에 숨어서 지켜봤지. 그랬더니 아니나 달라, 한밤중이 되니까 집 안에서 누가 슬금슬금 나오더래. 누구지? 눈을 부릅뜨고 자세히 보니까, 글쎄 그 집 며느리야. 얼마 전에 새로 들어온 며느리 말이야.

며느리가 나와서는, 마당에 있는 벼 가마니를 한 어깨에 하나씩 덜렁 둘러메는 거야. 얼마나 힘이 센지, 그걸 그렇게 어깨에 둘러메고서는 성큼성큼 걸어서 곳간으로 들어가. 그러고는 차곡차곡 쟁여 놓네.

벼 가마니가 좀 무거워? 그 무거운 것을 둘러메고 가려면 힘센 일꾼들도 땀깨나 빼거든. 그런데 그걸 한 어깨에 하나씩, 둘을 한꺼번에 둘러메고서는, 무거운 기색 하나 없이 훨훨 나른단 말이야. 마치 공깃돌 가지고 노는 듯이. 알고 보니 이 집 며느리가 호랑이도 때려잡을

힘장사였던 거야.

 망을 본 일꾼이 그 이튿날 모두에게 알리니, 다들 며느리가 한 일인 걸 알게 됐지.

 "너는 어찌 그런 일을 했느냐?"

 시아버지가 물으니 며느리가 이러는 거야.

 "벼 가마니를 다음 날 쟁이려면 한나절이나 걸릴 텐데, 그렇게 일을 해서 언제 다 하겠습니까? 그래서 제가 밤새 좀 도왔지요."

 그 말에 다들 탄복을 했지.

 곧장 이 집 며느리가 대단한 힘장사라는 소문이 짜하게 퍼졌어. 어디까지 퍼졌느냐면 서울에까지 퍼졌어. 대궐 사는 임금 귀에까지 들어갔네. 그런데 임금이 그 소문을 듣고서는, 칭찬하는 게 아니라 시샘을 해.

"여자가 힘이 너무 세면 못 쓴다. 당장 잡아 오너라."

요즘 같으면야 터무니없는 소리 같겠지만 옛날에는 그랬단 말이야. 임금의 명이니 칼 차고 말 탄 군사들 여럿이 며느리 잡으러 내려갔지. 그렇게 왁자하게 내려가니 소문이 안 날 리 있나. 서울에서 군사들이 힘센 며느리 잡으러 내려온다는 소문이 이 마을에까지 났어. 며느리가 소문을 듣고서는 식구들한테 일렀지.

"제가 잡혀가면 무사하기 어려울 듯하니, 차라리 아무도 모르는 곳에 숨어 사는 게 낫겠습니다. 저는 이 길로 집을 나갈 터이니, 누가 묻거든 어디로 갔는지 모른다고만 하십시오."

"그럼 뭐라도 가져가야지 않겠느냐?"

"소 한 마리만 주십시오."

그래서 며느리한테 소 한 마리를 주어 보냈어. 며느리는 소를 몰고 깊은 산속으로 들어갔지.

가다가 높고 험한 고개를 만났어. 그 고개를 넘어야 할 판인데, 아 이놈의 소가 중턱쯤 가다가 그만 주저앉네. 힘이 들어서 그렇지. 높고 험한 고개를 넘으려면 사람도 힘들지만 소도 힘이 들거든. 그만 턱 주저앉아서 움직일 생각을 안 해.

"가자, 이놈의 소야, 어서 가자!"

달래도 안 되고 을러도 안 돼. 아무리 해도 안 되니까, 이 며느리가 그만 소를 번쩍 들어다 머리에 이었어. 힘이 장사니까 소도 그냥 번쩍 들어다 머리에 이는 거지. 그렇게 이고서는 고개를 넘어갔어.

이놈의 소야, 이랴? 이랴?

야 이것 참, 소가 가만히 생각하니까 기가 막히거든. 제가 여태 사람을 제 등에 싣고 가 보기만 했지, 사람 머리에 얹혀서 가보기나 했나? 살다 보니 별일이 다 있지. 참말로 소 체면이 말이 아닐세. 게다가 사람 머리 위에 올라앉아서 가니까, 이게 편한 게 아니라 아주 죽을 맛이야. 소라는 것은 그저 땅에 네 발 딛고 성큼성큼 걸어가야 소지, 남의 머리에 올라앉아 가면 그게 어디 손가? 빨래 바구니 아니면 물동이지. 몸이 허공에 둥둥 떠 있으니 몸은 들썩들썩하지, 속은 울렁울렁하지, 머리는 어질어질하지, 이게 참 못 할 짓이란 말이야.

그렇게 어찌어찌 고개를 다 넘어서, 이제 며느리가 소를 머리에서 내려놨어. 그러고는 다시 길을 갔지. 가다 보니 높고 험한 고개가 또 나오거든. 이번에도 소가 주춤주춤하니까 며느리가 소를 마구 윽박질렀어.

"이랴? 이놈의 소야, 또 이랴? 응?"

또 주저앉을 테냐? 그러면 또 머리에 이고 갈까 보다, 이렇게 윽박지르는 거야. 그러니까 소가 그만 기겁을 하고 도리질을 하지. 또 사람 머리에 얹혀서 가기는 싫거든. 그래서 고분고분 고개를 잘 넘어가더래.

그다음부터 다른 사람들도 소를 몰 때는 "이랴? 이랴?" 하고 윽박질렀지. 그러면 소가 신통하게 말귀를 알아듣고 고분고분 잘 걸어가더라는 거야. 그 말이 지금의 '이랴'가 된 거란다.

술은 어떻게 해서 생겼나?

 어른들이 술을 마시면 어떻게 돼? 얼마만큼 마시면 낯이 불콰해지면서 자꾸 떠들지. 좀 더 마시면 기분이 좋아져서 노래하고 춤추고 그러지. 그러다가 아주 많이 마셔서 고주망태가 되면 정신을 못 차리고 미치광이처럼 되거든. 그게 왜 그런지 얘기해 주지.

 옛날에 한 사람이 늙으신 어머니를 모시고 살았어. 그런데 어머니가 그만 덜컥 병이 들었네. 병이 들어서, 아무리 애를 써도 낫지를 않아. 좋다는 약은 다 써 보고, 용하다는 의원은 다 불러다 보여도 안 돼. 그래서 근심이 늘어졌는데, 하루는 꿈에 수염이 허연 노인이 나타나서 이런 말을 하더래.
 "네 정성이 지극하니 어머니 병 고칠 방도를 일러 주겠다. 임자 없는 송장 셋을 구해서 한 무덤에 묻어라. 그러면 그 무덤에서 풀이 나올 터이니, 그 열매를 떨어다가 누룩을 빚어 물에 띄워 놓아라. 그러

면 거기서 향기 나는 물이 나올 텐데, 그것을 어머니께 드리면 병이 나을 것이다."

　꿈을 깬 아들은 그 길로 집을 나섰어. 지게 하나 짊어지고 나섰지. 그러고는 정처 없이 돌아다녔어. 임자 없는 송장을 구하려고 말이야. 그런데 그게 어디 쉽나? 사람이 죽으면 식구들 친척들이 모여서 장례를 치르지. 그러니까 그 사람들이 다 송장 임자거든. 식구도 친척도 없이 죽어야지 임자 없는 송장이 되는데, 그런 경우가 어디 흔해?

　며칠 며칠을 돌아다니다가 어느 마을에 갔는데, 마침 마을 사람들

이 많이 모여서 웅성웅성하고 있어. 가만히 보니 송장을 하나 가운데 두고서 그러고 있는 거야. 어찌 된 일인지 물었지.

"이 사람은 뜨내기인데, 우리 마을에 와서 하는 일이 불콰한 낯으로 밤새 떠드는 일이었지요. 한시도 쉬지 않고 떠들어대더니 새벽녘에 그만 죽어 버렸지 뭐요. 그래서 우리가 장례라도 치러 주려고 이렇게 모였다오."

이런단 말이야. 그러니까 그게 임자 없는 송장이 아니고 뭐야. 옳다구나 하고서 마을 사람들한테 부탁을 했지.

"그러지 마시고 이 송장을 제게 주십시오. 제가 장례를 치러 주겠습니다."

그러니까 마을 사람들이 선선히 송장을 건네줘. 안 그래도 낯선 사람 장례 치르기가 성가셨는데 잘 되었다, 이렇게 생각했나 봐.

그렇게 해서 임자 없는 송장 하나를 얻었어. 얻어서 지게에 짊어지고 갔지.

또 몇 날 며칠을 돌아다니다가 어느 마을에 가게 됐어. 그런데 이 마을에도 송장 하나를 두고 온 마을 사람들이 모여 있네. 가서 사연을 물었지.

"이 사람은 처음 보는 낯선 사람인데, 우리 마을에 와서 노래하고 춤추는 게 일이었다오. 밤낮으로 노래하고 춤추더니 그만 오늘 아침에 갑자기 죽고 말았지요. 아무리 낯모르는 사람이라도 장례는 치러 줘야지 않겠소?"

들어 보니 딱 임자 없는 송장이지 뭐야. 그래서 부탁을 했어.

"그 송장을 제게 주시면 제가 대신 장례를 치러 주겠습니다."

그러니까 이번에도 군말 없이 송장을 내줘. 받아서 짊어지고 갔지. 임자 없는 송장 둘을 짊어지고 가는 거야.

또 몇 날 며칠 가다가 어느 마을에 닿았는데, 아 여기서도 송장 하나를 두고 마을 사람들이 모여 있네. 사연을 물어봤지.

"이 사람은 지나가던 미치광이인데, 하필이면 우리 마을에서 죽었소이다. 어제도 오늘도 종일토록 비틀거리며 정신을 못 차리고 괴상망측한 짓을 하더니, 오늘 낮에 기어이 죽고 말았소. 미치광이든 누구든 우리 마을에서 죽었으면 우리가 장례를 치러 줘야 하지 않겠소? 그래서 이렇게 모였다오."

말을 듣고 보니 딱 임자 없는 송장이야. 그래서 마을 사람들한테 부탁을 했어.

"어머니 병을 고치려면 임자 없는 송장 셋이 필요한데, 이제 둘을 구하고 하나가 남았습니다. 그런데 마침 여기서 임자 없는 송장을 만나게 되었네요. 그러니 그 송장을 제게 주시면 안 될까요? 장례는 후하게 치러 주겠습니다."

이렇게 부탁을 하니 안 될 일이 뭐야? 마을 사람들이 다 그러라고 하면서 선뜻 송장을 내어주지. 그래서 짊어지고 갔어.

임자 없는 송장 셋을 짊어지고 집에 가서, 뒷동산 양지바른 곳에 묻어 줬어. 송장 셋을 같이 묻고 제사도 지내 줬지. 음식도 장만하고 상

복도 차려입고 해서 후하게 장례를 치러 줬단 말이야.

그러고 나서 며칠이 지나니까, 아닌 게 아니라 무덤에서 풀이 나와. 난생 처음 보는 풀인데, 나오자마자 쑥쑥 잘 자라더래. 얼마만큼 샀을 때 그걸 베어다가 열매를 떨어 누룩을 만들었어. 그런 다음 물에 띄워 놓으니까, 며칠 뒤에 정말로 향기 나는 물이 됐어. 맛을 보니 달콤새콤한 게 먹을 만해. 그걸 잘 걸러다가 어머니께 드렸지.

"무슨 약인지 맛도 참 좋구나."

어머니가 그 약물을 한 사발 마시더니, 언제 아팠느냐는 듯이 벌떡 일어나는 거야. 병이 씻은 듯이 나은 거지.

그래서 아들은 어머니 모시고 오래오래 잘 살았는데, 그 뒤로도 무덤에서는 풀이 자꾸 자라나더래. 그래서 그 풀로 향기 나는 약물을 만들었는데, 그게 점점 퍼져서 나중에는 온 세상 사람들이 다 만들어 먹게 됐어. 짐작했겠지만 그게 바로 술이야.

사람 셋을 묻은 무덤에서 나온 풀이라 그런지, 술도 세 사람 성질을 다 닮게 됐지. 술을 얼마만큼 마시면 낯이 불콰해져서 자꾸 떠들고, 좀 더 마시면 기분이 좋아져서 노래하고 춤추고, 그러다가 아주 많이 마시면 고주망태가 돼서 정신을 못 차리고 미치광이처럼 굴거든. 그게 다 세 사람 하던 짓을 흉내 내느라고 그런 거래.

하지만 술을 알맞게 마시면 약이 된다고 하잖아. 그래서 술을 가리켜 '약주'라고도 하거든. 본디 술이란 게 병 고치는 약으로 생겨났으니까 그렇지.

북두칠성 넷째 별이 흐릿한 까닭은?

　밤하늘에는 별이 많지. 그 가운데는 북두칠성도 있어. 북쪽 하늘에 떠 있는 일곱 별인데, 가만히 보면 그중 넷째 별이 좀 흐릿해. 다른 별보다 덜 밝단 말이지. 그게 왜 그런지 얘기해 줄까?

　옛날에 어떤 부부가 살았는데, 일곱 아들을 두었어. 그 아들들이 다 커서 모두 제 앞가림깨나 할 나이가 됐을 때, 아버지가 덜컥 돌아가셨네. 그러니까 어머니하고 일곱 아들만 남게 됐지.
　어머니는 떡 장사를 하고, 일곱 아들은 저마다 농사일도 하고 집안일도 하면서 살았어. 여덟 식구가 부지런히 일해서 먹고사는 데는 큰 어려움이 없었지. 식구들 사이도 좋았어. 어머니는 어머니대로 아들들을 잘 보살피고, 아들들은 아들들대로 어머니 잘 모시고, 그러면서 지냈단 말이야.
　이러구러 아버지 돌아가신 지도 서너 해가 지났는데, 아들들이 가

가만히 보니까 어머니가 요새 들어 좀 달라졌어. 전에는 장사 마치고 집에 들어오면 내처 집에만 있었는데, 갑자기 밤중에 밖에를 나가시네. 저녁 먹고 밤이 이슥하면 슬그머니 집을 나가서, 이튿날 새벽녘이 되면 다시 슬그머니 들어온단 말이야. 하루 이틀도 아니고 날마다 그러니 아들들 걱정이 될 것 아니야?

"얘들아, 요새 어머니가 밤마다 밖에 나가시니 대체 무슨 일이냐?"
"그러게요. 어두운 밤에 다니다가 다치시지나 않을지 걱정입니다."

아들들은 어머니 뒤를 밟아 보기로 했어. 마침 추운 겨울날인데, 그날도 어머니가 저녁을 먹고 날이 어두워지니까 슬그머니 집을 나가거든. 아들 일곱이 뒤를 밟았지. 어머니가 눈치 못 채게 살금살금, 멀찌감치 떨어져서 따라갔어.

어머니는 집을 나서서 자꾸 걷더니 건넛마을 쪽으로 가더래. 건넛마을에 가려면 개울을 건너야 하는데, 개울에 다리가 없으니까 그냥 발을 적셔가며 물을 건너는 거야. 아들들도 뒤따라 개울을 건넜어.

개울을 건넌 어머니는 마을로 들어서더니, 그중 불이 빤하게 켜진 한 집으로 들어가. 아들들이 담장 뒤에 숨어서 가만히 엿보니, 그 집에서 한 할아버지가 나와서는 반갑게 맞아 줘.
"아이고, 날 추운데 오느라 고생했소. 어서 들어오시오. 그래, 오늘은 장사가 잘 되던가요?"

할아버지가 그러니까,

"떡 장사야 뭐 늘 그렇지요. 그쪽은 짚신 많이 팔았어요?"

어머니는 이러고, 이렇게 익숙한 듯 얘기를 해. 알고 보니 그 할아버지는 홀아비 짚신장수야. 둘이서 서로 살갑게 구는 걸 보니 아무래도 예사 사이는 아닌 것 같거든.

아들들이 집에 돌아와서 의논을 했어.

"얘들아, 그동안 우리 어머니가 밤마다 건넛마을 짚신장수 할아버지를 만나러 가셨나 보다."

"아버지 돌아가신 뒤로 어머니도 외로우셨을 테니, 비슷한 처지에 있는 분을 만나는 건 좋은 일이죠."

"이참에 두 분이 혼인하시도록 권해 드리면 어떨까요?"

"그건 어머니가 허락 안 하실 게다."

옛날엔 여자가 남편 여의고 홀어미가 돼도 새로 혼인하는 걸 안 좋게 보는 풍습이 있었거든. 그래서 어머니도 남의 눈을 피해 밤에만 할아버지 만나러 가신 거야. 그러니 대놓고 혼인하라면 어머니가 좋아하실 리 없지.

아들들이 또 의논을 했어.

"우리도 그 일은 모른 척해 드리는 게 좋을 것 같다. 그 대신 어머니 눈치 못 채시게 도와드릴 일이 뭐 없을까?"

"아, 그리고 보니 개울에 다리가 없어서 어머니가 찬물에 발을 적시며 건너셨어요."

"그래요, 우리가 개울에 징검다리를 놓아 드립시다. 어머니 편히 건너가시게."

"그것참 좋은 생각이다. 그러자꾸나."

이렇게 의논을 하고, 그 이튿날 밤이 이슥해져서 어머니가 나간 뒤에 일곱 아들이 개울로 갔어. 가서는 징검다리를 놨지. 큼지막한 돌을 주워다가 걸음 너비만큼 띄워서 놔 줬단 말이야. 아들이 일곱이니까 돌도 한 사람 앞에 하나씩, 일곱 개를 놨어.

다릿돌이 모두 크고 무겁고 넓적해서 든든하니 아주 잘 놓았어. 사람이 올라서서 뛰어도 꿈쩍 안 할 만큼 튼튼해. 그런데 그중 딱 한 개가 좀 부실하게 놓였네. 크기도 다른 것보다 좀 작고, 모양도 울퉁불

통해서 발을 디디면 아프고, 개울 바닥에 딱 붙지도 않아서 올라서면 몸이 건들거리고, 이 모양이야. 큰형이 그걸 보고 걱정을 했어.

"이 돌은 누가 놓은 것이냐? 자칫하면 디디다가 어머니 넘어지시겠다."

"넷째 아우가 놨어요."

그래서 큰형이 넷째한테 물어 봤지.

"너는 왜 다릿돌을 이렇게 부실하게 놨느냐?"

그러니까 넷째가 이렇게 대답을 하네.

"일부러 그랬어요. 저는 처음부터 이 일이 내키지 않았거든요. 어머니가 밤에 나가시는 것도, 짚신장수 할아버지 만나는 것도 다 옳은 일이 아닌 것 같아서 싫어요."

그 말을 들은 다른 형제들이 모두 나서서 타일렀어.

"너 그러는 것 아니다. 무슨 일이든 어머니 편하게 해 드리는 것이 효도지, 옳고 그름을 따지면 그게 무슨 효도냐?"

"큰형님 말씀이 옳다. 어머니 처지를 먼저 생각해야지, 네가 싫다고 안 해서야 쓰나?"

"그래요, 형님. 어머니가 바라는 대로 해 드리는 것이 정말로 옳은 일이죠."

이렇게 타이르니까 넷째도 마음을 고쳐먹었어. 그래서 다릿돌을 다시 놨지. 다른 형제들도 도와서, 이제는 징검다리 일곱 개가 모두 튼실하게 놓였어.

이튿날 새벽에 집으로 돌아오던 어머니는 못 보던 징검다리가 있

는 걸 보고 깜짝 놀랐지.

"이게 웬 징검다리냐? 어젯밤만 해도 없었는데, 그새 누가 튼튼한 다리를 놓았네. 고맙기도 해라."

덕분에 어머니는 추위에 발을 적시지 않고 편하게 개울을 건널 수 있었어. 그 뒤로도 어머니는 짚신장수 할아버지 만나러 건넛마을을 오갈 때마다 편하게 개울을 건너면서 마음속으로 고마워했지.

이 징검다리 덕분에 일곱 아들은 나중에 하늘로 올라가 북두칠성이 됐단다. 아들들 효성에 감동한 옥황상제가 모든 이들이 우러러보는 별로 만들어 준 거지. 그런데 넷째 아들 몫인 넷째 별을 좀 흐릿하게 만들었어. 다른 여섯 개 별보다는 밝기가 좀 덜하게 말이야. 그게, 잠깐이지만 넷째아들 효심이 흔들렸다고 해서 그런 거래.

갑자기 내리는 비를 '소나기'라고 하는 까닭은?

　여름철이 되면 소나기가 자주 내리지. 비가 올 것 같지도 않다가 갑자기 쏟아지듯이 쫙 하고 내리고, 또 이내 거짓말처럼 개는 비 말이야. 그런 비를 '소나기'라고 하는데, 왜 그런 이름이 생겼는지를 말해 주는 이야기가 있어. 어디 한번 들어 보련?

　옛날 어느 마을에 한 농사꾼이 있었어. 가난한 살림이지만 자기 논 두어 마지기가 있어서, 그 논에 벼농사를 지어서 온 식구가 먹고살았지. 벼농사라는 게 그렇잖아. 비가 제때 내려 줘야지 되거든. 비가 내려야 논에 물이 고이고, 그래야 논도 갈고 못자리도 만들고 모내기도 할 수 있으니까.
　한해는 여름철이 됐는데 날이 지독하게 가무는 거야. 몇 날 며칠이 아니라 한 달도 넘게 비가 안 와. 비가 와야지 모내기를 할 텐데, 비가 안 오니 손발이 다 묶인 꼴이야. 그저 하늘만 쳐다보고 비가 오기만을 기다릴 뿐, 논일을 아예 못 하는 형편이지.

그날도 농사꾼이 논에 나가서 바짝 말라붙은 논을 갈았어. 그런 논이라도 갈아 놔야 비가 오면 써레질을 해서 모내기를 할 수 있으니까 그렇지. 이렇게 마른 논을 간 게 벌써 몇 번째인지 몰라. 그렇게라도 일을 해야지, 농사짓는 사람이 비 안 온다고 마냥 쉴 수는 없잖아.

농사꾼이 마른 논에 먼지를 풀썩풀썩 일으키며 소를 몰아 논을 가는데, 마침 스님 하나가 지나가다가 말을 거네.

"아니 비가 오거든 논일을 하지, 왜 바짝 마른 논에서 그러고 있소?"

"스님도 참, 남의 속 터지는 것도 모르고 한가한 말씀을 하시는군요. 아, 당최 언제 비가 올지 알아야 말이지요."

농사꾼이 불평을 하자 스님이 웃으면서 일러.

"허허, 조금 있으면 비가 올 테니 그때 가서 일을 하시구려."

그 말을 들은 농사꾼이 코웃음을 쳤지.

"아이고 스님, 실없는 소리 좀 작작 하시오. 아, 날이 저렇게 쨍쨍한데 어느 천년에 비가 온다고 그러시오?"

정말로 하늘에는 구름 한 점 없고 해만 이글이글 떠 있어. 그러니 아무리 스님 말이지만 믿을 수가 있어야지. 농사꾼이 도무지 믿으려 들지를 않으니까, 스님은 천연덕스럽게 한술 더 뜨네.

"오늘 해지기 전에 반드시 비가 올 테니 두고 보시오."

그 말을 들은 농사꾼은 다시 하늘을 올려다봤어. 혹시나 하고 말이야. 그런데 뭐 조금도 달라진 게 없어. 구름은 한 점도 없고 햇빛만 쨍쨍 내리쬐는 게 비는커녕 바람 한 줄기 불 것 같지를 않거든.

"스님도 참, 어찌 빈말을 그리 태연으로 하시오?"

"허허 참, 소승이 어찌 빈말을 하겠소? 반드시 비가 온다니까요."

스님이 하도 큰소리를 치니까 농사꾼이 그만 오기가 났어.

"그러면 나랑 내기하시려오? 해지기 전에 비가 오나, 안 오나."

"그럽시다. 무얼 걸고 할까요?"

농사꾼 속셈으로는, 내기를 하자고 하면 스님이 한발 물러날 줄 알았지. 그런데 기다렸다는 듯이 선뜻 나서니 어째? 이제 와서 안 하겠다고 할 수도 없잖아.

"나야 가진 게 이 소 한 마리뿐이니 이 소를 걸겠소. 내가 지면 이 소를 드리리다."

통 크게 소 한 마리를 걸었지. 오기가 나서이기도 하고, 또 그만큼 자신이 있어서이기도 했어. 아, 저렇게 날이 맑은데 무슨 비가 오겠어? 그것도 오늘 해지기 전에 올 리는 절대 없겠거든.

"하, 그래요? 소승은 가진 것이 이 바랑뿐이니 이 바랑에 든 것을 다 걸겠소. 소승이 지면 이 바랑을 통째로 드리리다."

마침 스님은 마을에서 소금을 시주받아 오는 길이었어. 그러니 바랑에는 소금이 가득 들어있었지. 옛날엔 소금도 아주 귀한 물건이었거든.

"좋소, 그 대신 나중에 딴말하기 없기요."

이렇게 해서 내기가 붙었어. 하늘을 쳐다보니 해는 벌써 서쪽으로 훌쩍 기울었네. 이제 얼마 안 있으면 해가 지겠어.

'홍, 내가 질 일은 없겠군. 그런데 내기에서 지더라도 정말 비가 좀 왔으면 좋겠다.'

농사꾼이 그렇게 생각하고 있는데, 갑자기 하늘이 어두컴컴해지더니 거짓말처럼 비가 쫙 하고 내리기 시작하는 거야. 그것도 아주 세차게, 빗방울이 후드득 후드득 정신없이 쏟아지네.

"어이쿠, 이게 뭐야? 정말로 비가 오잖아?"

농사꾼은 내기에서 진 것도 잊어버리고 마냥 좋아서 어쩔 줄을 몰랐어. 그렇게도 기다리던 비가 오는데 어찌 안 좋을 거야? 혼자서 하하 허허 웃다가, 온몸에 비를 흠뻑 맞아 가며 덩실덩실 춤까지 췄지.

실컷 춤을 추다가 정신을 차리고 보니, 그새 거짓말처럼 비가 갰어. 그런데 조금 전까지만 해도 곁에 있던 스님이 안 보이네. 두리번두리번 살펴보니, 스님은 그새 저만치 걸어가고 있어. 농사꾼은 그제야 소를 걸고 내기한 게 생각나서, 부랴부랴 뒤따라가며 소리쳤지.

"스님, 스님! 내기에서 이겼으니 이 소를 가지고 가서야지요."

그러자 스님이 뒤도 안 돌아보고 그러더래.

"농사꾼한테는 소가 목숨줄인데 내기에서 이겼다고 어찌 소를 가져가겠소? 아까는 우스갯소리로 해 본 말이니 다 잊으시고 농사나 잘 지으시오."

농사꾼은 고맙고도 겸연쩍어서 머리만 긁적이다가, 아까부터 궁금한 걸 물어봤어.

"그나저나 스님은 비가 올 걸 어찌 아셨습니까?"

그랬더니 스님이 이렇게 말하더래.

"별것 아니오. 아까 여길 지날 때 바랑을 만져보니 눅눅해져 있더이다. 바랑엔 소금이 가득 들어있는데, 그게 녹아서 그런 게 아니겠소? 소금이 녹는다는 건 공중에 물기가 많다는 뜻이고, 그건 곧 비가 올 징조라 믿었지요."

그러고 나서 내처 성큼성큼 걸어가는가 했는데, 어느새 모습이 사라지고 말았어.

그 뒤로 사람들은 갑자기 내리는 비를 두고 '소 내기' 비라고 했어. 소를 걸고 내기를 해서 내린 비라고 해서 말이야. 그 '소 내기'가 나중에 '소나기'가 된 거란다.

들에서 밥 먹을 때 왜 '고시레'를 할까?

옛날엔 들에서 일하다가 밥 먹을 때가 되면 꼭 '고시레'를 했거든. 고시레가 뭐냐면, 밥을 먹기 전에 먼저 한 숟갈 떠서 멀리 던지는 거야. 그렇게 밥을 던지면서 "고시레!"라고 소리를 쳤단 말이야. 그런 풍습이 왜 생겼는지, 오늘은 그 이야기를 하지.

옛날에 '도선'이라는 사람이 살았는데, 참 용한 풍수였어. 풍수라는 건 땅 모양과 방향 같은 걸 잘 알아서 살피는 사람을 가리키는 말이야. 그래서 풍수는 보통 남의 무덤 자리나 집 자리 같은 걸 가려 잡아 주면서 먹고살았지.

도선도 평생 남의 집 무덤 자리 봐 주면서 살았어. 워낙 풍수 노릇을 잘해서 온 나라에 이름이 짜하게 났지. 높은 벼슬아치나 떵떵거리는 부자들도 상을 당하면 도선부터 찾았어. 좋은 무덤 자리 잡으려고. 옛날 사람들은 무덤 자리가 좋아야 자손들이 잘 산다고 믿어서,

너도나도 좋은 무덤 자리 찾으려고 갖은 애를 다 썼거든.

그렇게 남의 집 무덤 자리 잡아 주면서 살다가, 늘그막에 도선 어머니가 돌아가셨어. 어머니가 돌아가셨으니 무덤 자리를 가려 잡아야 할 것 아니야? 평생 남의 무덤 자리 잡아 주다가, 이제 자기 어머니 무덤 자리를 잡게 됐단 말이야. 그런데 도무지 좋은 자리를 찾을 수가 없어. 아무리 찾아도 없어.

그래서 도선이 하릴없이 어머니 주검을 짊어지고 온 나라를 돌아다녔어. 그런데 온 데를 다 돌아다녀 봐도 좋은 자리를 못 찾겠어. 무덤 자리라는 건 여러 가지가 다 좋아야 하거든. 그런데 가는 곳마다 흠이 있어. 산이 좋으면 물이 나쁘고, 앞이 좋으면 뒤가 나쁘고, 이게 좋으면 저게 나쁘고, 이래서 도무지 좋은 자리를 못 잡겠단 말이야.

그렇게 몇 날 며칠을 돌아다니다가 어느 산골에 가니까 참 좋은 자리가 있어. 흠잡을 데라고는 하나도 없는 천하명당이야.

"옳지, 여기에다 어머니 무덤을 쓰면 되겠다."

그런데 이를 어째? 그 자리에 집이 한 채 떡 들어서 있네. 오막살이 초가집인데, 가만히 보니까 그 집 부엌 있는 자리가 천하명당 중에서도 노른자위야.

그런데 아무리 천하명당이면 뭘 해? 남의 집 부엌 바닥에다 무덤을 쓸 수는 없는 노릇이잖아. 하지마는 하도 좋은 자리라서, 도선이 그곳을 차마 못 떠나고 서성거리다가 밤이 됐어. 밤이 돼서 그 집 부엌에 살금살금 들어가 여기저기 살펴봤지. 대체 얼마나 좋은 자리인지, 제 눈으로 보고 싶어서 말이야.

그런데 그때 안에서 두런두런 말소리가 들려 오네.

"저 도선이라는 녀석, 아직도 안 가고 있는 걸 보니 우리 집 부엌 자리가 탐이 나긴 나나 보오."

"그러게나 말입니다. 어리석은 인간이 하나는 알고 둘은 몰라서 저러는 게지요."

"쯧쯧, 우리가 도선이 이곳을 찾아올 줄 알고 미리 집을 지어 놓길 잘했지, 안 그랬으면 큰일 날 뻔했소."

"도선이 어서 정신을 차리고 진짜로 좋은 자리를 찾아야 할 텐데. 여러 사람이 모여 일하는 곳이 가장 좋은 자리란 걸 알기나 할까요?"

들어 보니 노인 부부 목소리인데, 자기가 여기 와 있는 것이며 왜 왔는지를 다 알고 있단 말이야. 게다가 여기가 진짜로 좋은 자리가 아니라고 하니, 이게 대체 무슨 영문이야?

어쨌거나 도선은 곧바로 발길을 돌려 그곳을 벗어났어. 그 초가집 노인 부부가 아무래도 예사 사람이 아닌 것 같아서지. 도사인지 산신령인지는 몰라도, 신통력 있는 사람이 하는 말이니 믿고 따를 수밖에.

진짜로 좋은 자리는 여러 사람이 모여 일하는 곳이라 하니, 그런 곳이 어디야? 논밭이 있는 들이지. 들에는 사시사철 농사꾼들이 모여서 일을 하잖아.

도선이 그 길로 전라도 김제에 있는 징개맹개 외배미 들을 찾아갔어. 거기가 나라 안에서 가장 너른 들이고 농사꾼들도 가장 많이 모이는 곳이거든. 거기 가서 들 한복판에 어머니 무덤을 썼지. 그러고 나서 도선은 어디론가 멀리 가 버렸는데, 그 뒤로 아무도 본 사람이 없다고 해.

그런데 도선 어머니 무덤이 생기고 나서부터 그 들에 농사가 도통 안 되는 거야. 여태 풍년이 들지 않은 해가 없었는데, 도선 어머니 무덤이 생기고부터 해마다 흉년이 든단 말이야.

그래서 사람들이 다들 걱정도 하고, 이곳에 무덤을 쓴 도선을 원망도 하고 그랬지. 그러다가 한번은 그 무덤 근처에서 일하던 농사꾼이

새참을 먹다가 문득 이런 마음이 든 거야.

"아무려나 저기 저 무덤 주인은 죽어서도 아무도 보살펴 주는 이 없으니 얼마나 외로울까? 또 제사 지내 주는 이 없으니 얼마나 배고플까? 나라도 밥 대접을 해야겠다."

그래서 밥을 한 숟갈 떠서 무덤 쪽으로 던졌어. 그러면서, "고씨네!" 하고 소리쳤어. 도선 어머니 성씨가 고씨였거든. 그래서 '고씨네도 이 밥 한 숟갈 드시오!' 하는 뜻으로 그렇게 했지. 그다음부터 새참을 먹을 때마다 그렇게 '고씨네!'를 부르면서 밥 한 숟갈씩을 던져 줬어.

그랬더니 그해 그 집 농사만 잘 되더래. 다른 집 농사는 다 흉작인데, 그 집 농사만 풍작이더란 말이야. 그걸 보고 다른 농사꾼들이 다 깨달았어.

"옳지, 우리가 고씨네 대접을 못 해서 흉년이 든 게로군."

그다음부터는 너도나도 새참 먹을 때마다 '고씨네!'를 부르면서 밥을 한 숟갈씩 무덤 쪽으로 던져 줬어. 그랬더니 아니나 다를까, 온 집 농사가 다 잘 되더래. 해마다 풍년이 들어서, 가을걷이 때만 되면 징개맹개 외배미 들에 노랫소리 풍물 소리가 가득했다나.

그 '고씨네'가 나중에 '고시레'가 된 거란다.

여기는 사람과 동식물 사이에 숨은 사연을 이야기하는 마당이야. 동물이나 식물이 나오지만, 그 동식물끼리만이 아니라 사람이 등장하여 어떤 모양으로든 관계를 맺으며 이야기가 풀려 가지. 재미있게 읽는 가운데 사람살이 이모저모에 대해 생각하는 기회도 얻게 될 거야. 슬픈 이야기도 있는 것은, 사람살이가 다 밝지만은 않아서 그런 것 같아.

셋째 마당
오순도순 사람과 동식물 이야기

개와 고양이는 왜 사이가 나쁜가?

옛날부터 개하고 고양이는 사이가 나쁘다고 그러잖아. 그래서 사이가 나빠 자꾸 싸우는 사람들 보고 '개와 고양이 사이'라고도 하거든. 그게 왜 그런지 이야기해 줄게.

옛날에 한 할머니가 혼자서 살았어. 혼자 살다 보니 적적해서 개와 고양이를 한 마리씩 데려다 키웠지. 할머니는 개와 고양이를 끔찍이 위했어. 맛있는 것이 생기면 자기가 먹기 전에 개와 고양이를 먼저 먹이고, 추운 겨울엔 개와 고양이를 따뜻한 아랫목에 재우고 자기는 차가운 윗목에 잤지.

하루는 할머니가 강가를 지나는데, 한 어부가 망태기에 커다란 자라 한 마리를 담아 가지고 가더래. 그런데 망태기에 든 자라가 할머니를 보고는 눈을 끔벅끔벅하더니 눈물을 줄줄 흘리는 거야. 마치 살려 달라는 듯이 말이야. 불쌍해서 그냥 지나칠 수가 있어야지. 어부한테

물어봤지.

"그 자라 팔 거요?"

그러니까 그렇다네.

"그럼 나한테 파시오."

할머니는 가진 돈을 탈탈 털어 주고서 자라를 샀어. 그러고는 강에 가져가서 물속에 넣어 줬지. 자라는 고맙다는 듯이 고개를 몇 번 꾸벅꾸벅하더니 물속으로 스르르 사라지더래.

그 이튿날 할머니가 또 그 강가를 지나는데, 갑자기 푸른 옷을 입은 사내아이가 나타나더니 할머니에게 날아갈 듯이 절을 해. 그리고 나서 이러는 거야.

"저는 이 강을 지키는 용왕의 아들입니다. 어제 할머니께서 살려주신 자라가 바로 저랍니다. 제 목숨을 살려주신 은혜를 갚고자 할머니를 모셔오라고 용왕님이 저를 보내셨습니다. 그러니 저를 따라 용궁으로 가시지요."

그래서 그 아이 등에 업혀 물속으로 들어갔어. 물속 깊이 들어가니까 참 으리으리한 용궁이 있더래.

할머니는 용궁에서 용왕의 극진한 대접을 받으며 며칠 동안 잘 쉬었어. 그리고 나서 이제 집으로 돌아가려는데, 용왕 아들이 오더니 슬쩍 귀띔을 하네.

"용왕님이 무엇이든지 한 가지 물건을 가져가라 하시거든, 다른 건 말고 용왕님 지팡이에 박힌 구슬을 빼 달라고 하십시오. 그 구슬은 가지고 있기만 하면 뭐든 바라는 대로 되는 구슬이랍니다."

아닌 게 아니라 헤어질 때 용왕이 그러는 거야.

"무엇이든지 이 용궁에 있는 물건 가운데 한 가지를 가져가시오."

그래서 다른 건 말고 용왕님 지팡이에 박힌 구슬을 빼 달라고 했지. 용왕은 잠깐 망설이더니 할 수 없다는 듯이 구슬을 빼 주더래. 그걸 받아서, 용왕 아들 등에 업혀 다시 물 밖으로 나왔어.

집에 돌아온 할머니는 용궁에서 가져온 구슬을 손에 들고서 생각을 했지.

'이 구슬만 있으면 뭐든 바라는 대로 된다고? 설마? 하긴 그저 좀 더 너른 집이 있으면 좋긴 하겠다만…….'

그러자, 이게 웬일이야? 그냥 생각만 했을 뿐인데, 갑자기 여태 살던 오막살이가 사라지고 커다란 기와집이 덩그렇게 나타나지 뭐야?

할머니는 또 생각을 했어.

'야, 참 신기하구나. 그나저나 이 낡은 옷은 이런 집에 어울리지 않는걸. 좀 더 멋진 옷이 있었으면 좋겠다.'

그렇게 생각하자마자 여태 입고 있던 낡은 무명옷이 사라지고 멋진 비단옷이 나타나는 거야.

할머니는 또 생각을 했어.

'아이고, 이런 고마울 데가 있나. 이제 좋은 음식만 배불리 먹으면

원이 없겠는걸.'

그러니까 곧바로 좋은 음식이 가득 차려진 밥상이 눈앞에 떡하니 나타나네.

이래서 할머니는 부자로 아주 잘살게 됐어. 생각만 하면 뭐든 바라는 것이 뚝딱뚝딱 나타나니까 아쉬울 것이 하나도 없었지.

할머니가 구슬 덕분에 부자 되었다는 소문이 짜하게 나서, 강 건너에 사는 욕심쟁이 할머니 귀에 들어가게 됐어. 욕심쟁이니까 욕심이 안 날 수 있나. 가짜 구슬을 하나 만들어 품속에 넣고 할머니를 찾아갔지.

"그 귀한 구슬 나도 좀 봅시다."

할머니는 남한테 구슬을 보여 줘도 되나 싶어서 망설였지만, 욕심쟁이가 자꾸만 보채는 바람에 할 수 없이 보여 줬어. 욕심쟁이는 구슬을 받아서 이리저리 구경하는 척하다가 품속에 넣어 간 가짜 구슬과 슬쩍 바꿔치기했지. 그러고는 뒤도 안 돌아보고 줄행랑을 쳤어.

구슬이 없어지니까 할머니는 모든 게 전에처럼 돼 버렸어. 커다란 기와집 대신 오막살이에 살고, 멋진 비단옷 대신 낡은 무명옷을 입고, 맛나고 푸짐한 음식 대신 거친 나물밥을 먹게 됐지.

일이 이렇게 되자 그 집 개와 고양이가 나섰어.

"이럴 게 아니라 우리가 할머니 구슬을 찾아 드리자."

"그래, 그러자. 오늘 밤에 건넛마을 욕심쟁이네 집에 가 보자."

그날 밤, 밤이 이슥해지자 개와 고양이는 강을 건너 욕심쟁이네 집

 으로 갔어. 고양이는 헤엄을 못 치니까 개 등에 업혀서 갔지.

 욕심쟁이네 집에 가 보니까 참 볼만해. 그새 훔친 구슬로 온갖 것을 다 내어서 큰 부자로 살아. 으리으리한 기와집에 멋진 세간을 장만해 놓고, 곳간에는 곡식을 그득하게 쌓아 두고 산단 말이야. 그걸 다 지키느라고 집안 곳곳에 문지기까지 즐비하게 두었네.

 대문부터 안방까지 문지기들이 물 샐 틈도 없이 지키니까 한 발짝이라도 들어갈 수가 있어야지. 둘은 집 바깥을 빙빙 돌기만 했어. 그러다 보니 헛간 구석에 쥐들이 갉아 놓은 구멍이 하나 있거든. 고양이가 그걸 보고 속삭였지.

 "얘, 개야. 내가 저 구멍으로 들어가 안을 살펴볼 테니 너는 바깥에서 망을 봐라."

 그러고는 구멍으로 살금살금 들어갔어.

고양이가 헛간에 들어가 보니, 수많은 쥐들이 여기저기 들락날락하느라고 분주하게 돌아가. 온 동네 쥐라는 쥐는 다 모인 것 같아. 집 안에 먹을 것이 널렸으니까 그럴 수밖에. 가만히 살펴보니, 그중 몸집이 좀 큰 쥐가 한 마리 있거든. 그놈이 임금 노릇을 하는 쥐야.

고양이는 살금살금 임금 쥐에게 다가가 갑자기 달려들어 목덜미를 꽉 움켜잡았어. 그러고는 이빨을 드러내며 을러댔지.

"시키는 대로만 하면 살려 주겠지만, 그렇지 않으면 당장 잡아먹겠다. 지금 당장 이 집 안에 있는 쥐를 다 불러 모아라. 그리고 집 안 곳곳을 샅샅이 뒤져 구슬을 찾아오게 해라."

임금 쥐가 다른 쥐들을 불러 모아 구슬을 찾아오라고 시켰지. 엄청나게 많은 쥐가 소리도 없이 사방으로 흩어지더니, 아니나 다를까 얼마 뒤에 쥐 한 마리가 구슬을 찾아왔네. 고양이는 그 구슬을 받아서 입에 물고는 얼른 헛간 구멍을 빠져나왔어. 그러니 망을 보고 있던 개가 반색을 하지.

"야, 구슬을 찾았네. 얼른 할머니께 갖다 드리자."

둘은 서둘러 강을 건넜어. 올 때처럼 고양이가 개 등에 업혀서 갔지. 강 가운데쯤 이르렀을 때, 헤엄치던 개가 고양이한테 물었어.

"얘, 고양이야. 구슬은 잘 가지고 있니?"

"……"

고양이는 대답을 못 해. 구슬을 입에 물고 있으니까 그렇지. 대답을 하려면 입을 벌려야 하는데, 그러면 입에 물고 있던 구슬이 떨어질

테니까 말이야.

개는 고양이가 대답을 안 하니까 궁금해서 또 물었어.

"얘, 구슬 잘 가지고 있니?"

"……."

그래도 고양이는 대답을 못 하지. 그럴수록 개는 답답해서 자꾸 묻는 거야.

"구슬 잘 가지고 있느냐고?"

"……."

"구슬 잘 가지고 있느냐는데 왜 대답을 안 해?"

"……."

"너 정말 대답 안 할 거야? 그럼 물속에 빠뜨려 버릴 테다."

개는 화가 나서 몸을 이리저리 흔들었어. 그 바람에 개 등에 업힌 고양이는 정말로 물에 빠질 지경이 됐지. 마음이 급해진 고양이가 얼른 입을 열어 대답을 했어.

"그래, 잘 가지고 있다. 이제 됐니?"

아뿔싸, 고양이가 입을 열자마자 구슬이 똑 떨어져서 물속에 쏙 빠져 버리네. 애써 찾은 구슬을 다시 잃어버린 거야.

건너편 강가에 다다른 둘은 티격태격 싸우기 시작했어.

"네가 구슬을 빠뜨렸으니 네 탓이다."

"네가 자꾸 말을 시켜서 그렇잖아."

그렇게 옥신각신 다투다 보니 어느새 날이 새어 동녘이 훤하게 밝아 오네.

개는 나 몰라라 집으로 가 버리고, 고양이 혼자서 기가 막혀 강가에 우두커니 앉아 있었어. 한참 동안 그렇게 앉아 있다 보니, 날이 밝아 어부들이 물고기를 잡으러 강으로 나오거든.

"에잇, 이 물고기는 죽어서 못 쓰겠네."

그런데 한창 물고기를 잡던 어부 한 사람이 물고기 한 마리를 이쪽으로 휙 던진단 말이야. 고양이는 마침 배가 잔뜩 고프던 참이라, 슬금슬금 다가가 죽은 물고기를 덥석 입에 물었어. 그런데 물고기 배가 몹시 딱딱해서 씹을 수가 없네. 왜 이런가 싶어 조심조심 이빨로 물고기 배를 갈라 보니, 아니 이게 무슨 일이야? 그 속에서 구슬이 톡 튀어나오지 뭐야.

아까 강물 속에 빠뜨린 구슬을 이 물고기가 삼켰나 봐. 그래서 죽은 것을 어부가 잡아 올린 거지.

구슬을 다시 찾은 고양이는 기뻐하며 집으로 돌아왔어. 그리고 할머니께 구슬을 드렸지. 할머니는 되찾은 구슬 덕분에 다시 옛날처럼 부자가 되어 잘살았어. 그리고 구슬을 되찾아 준 고양이를 더 귀여워했지. 개는 그게 샘이 나서 고양이를 점점 더 미워하게 됐고.

개와 고양이 사이가 나빠진 게 이때부터란다.

쥐는 왜 고양이를 무서워할까?

옛날에는 고양이가 쥐를 쫓지 않았대. 그래서 쥐도 고양이를 무서워하지 않았지. 그런데 언제부터인가 고양이는 쥐를 쫓고, 쥐는 고양이를 무서워하게 됐단다. 그게 왜 그런지 이야기해 볼까?

옛날 어느 집에 쥐와 고양이가 함께 살았어. 둘은 서로 싸우지도 않고 잘 지냈지. 뭐, 아주 친하다고는 못 해도 그냥저냥 별 탈 없이 지내는 편이었어.

그런데 이 집에 새로 며느리가 들어왔어. 며느리는 마음씨가 곱고 여려서, 무슨 일이든 시어른들이 시키면 시키는 대로 고분고분 잘했지. 그러다가 꾸지람을 들어도 변명 한마디 못 하고 그저 "네, 잘못했습니다. 용서해 주세요." 하면서 지냈어.

시집살이란 게 그랬대. '벙어리 삼 년, 귀머거리 삼 년, 소경노릇 삼 년'이라고, 알아도 모르는 척, 들어도 못 들은 척, 봐도 못 본 척하고 지내야 했대. 어디 지금 시절이야 가당키나 한 소리인가? 아무튼 이 며느리도 시어머니한테 온갖 구박을 다 받으면서 그저 꾹꾹 참고 지냈어.

그러다 보니 억울한 일도 많았는데, 그중에서도 정말 억울한 게 애먼 일로 덤터기 쓰는 거였어. 자기가 하지도 않은 일이 한 것처럼 돼서 죄를 뒤집어쓰는 것 말이지.

그걸 좀 자세하게 이야기해야겠네. 언제부터인가 이 집에서는 자질구레한 것들이 자꾸 없어지거나 흠이 지는 거야. 이를테면 시어머니가 떡을 해서 시렁에 올려 두면 한두 개가 슬그머니 없어져. 생선을 구워서 찬장에 넣어 놓으면 누가 한 입 베어 물기라도 한 듯이 한 군데가 뚝 떨어져 나가지. 감자를 거두어 곳간에 쟁여 두면 여기저기 흠이 지고, 시아버지 도포를 새로 지어 장롱 속에 넣어 놓으면 옷고름이 뜯겨나가고, 이러는 거야.

그러니까 시어머니는 이걸 죄다 며느리 짓으로 몰아가네.

"시렁에 올려 둔 떡, 네가 훔쳐 먹었지?"

"찬장에 있던 생선구이, 네가 몰래 집어 먹었지?"

"곳간에 쟁여 둔 감자, 네가 흠집 냈지?"

"장롱에 넣어 둔 도포 옷고름, 네가 뜯어냈지?"

이러면서 구박을 한단 말이야.

그런데 며느리는 그런 짓을 한 적이 없거든. 자기는 전혀 모르는 일인데 죄다 자기 짓이라고 몰아세우니 참 기가 막히고 억장이 무너지

지. 그래도 마음 약한 며느리는 변명 한마디 못 하고 그 모진 구박을 다 받아 냈어.

눈치챘는지 모르지만, 이게 다 쥐가 한 일이야. 쥐란 놈이 밤만 되면 집 안 곳곳을 살금살금 돌아다니면서 음식도 훔쳐 먹고, 곡식도 축내고, 물건도 갉아대고 하니까 그런 일이 생기지. 그 덤터기를 이 집 며느리가 다 뒤집어쓴 거야.

고양이가 사정을 알고 쥐를 타일렀어.

"애 쥐야, 너 때문에 우리 집 새아씨가 날마다 경을 치는구나. 이제 그런 짓 그만둬라."

그래도 쥐는 들은 척을 안 해.

"흥, 내가 무슨 짓을 하든 네가 무슨 상관이야?"

이러면서 콧방귀만 뀌는 거야. 그러고는 그 짓을 그만두기는커녕 점점 더 심하게 하는 거지. 자기 죄를 며느리가 뒤집어쓰는 게 재미있어서 그러는 것처럼, 날마다 도둑질 장난질을 그치지 않으니까 어떻게 되겠어? 시어머니 구박은 점점 더 모질어지고 며느리 고생은 점점 더 심해지지.

보다 못한 고양이가 하루는 쥐를 붙잡아서 아주 혼을 내줬어. 앞발로 쥐를 꽉 눌러 옴짝달싹을 못 하게 해 놓고서 마구 야단을 쳤지.

"사람이나 짐승이나 자기 죄를 남에게 뒤집어씌우고도 뉘우칠 줄 모르는 건 나쁜 짓이다. 네가 이 나쁜 짓을 그만두지 않으면 나도 가만있지 않겠다."

밤새 그렇게 혼을 내주고 새벽녘에야 풀어 줬어.

고양이한테 크게 당한 쥐는 자기 잘못을 뉘우치는 대신 속상해서 이를 갈았지. 어떻게 하면 앙갚음을 할까, 몇 날 며칠 생각하다가 하늘나라 옥황상제한테 가서 일러바치기로 했어. 힘으로는 고양이를 못 당할 테니 덤터기를 씌우기로 한 거지.

옥황상제를 찾아간 쥐는 울면서 하소연을 했어.

"상제님, 제 말 좀 들어 보십시오. 고양이란 놈이 우리 쥐들을 괴롭

히는 바람에 견딜 수가 없습니다. 우리 쥐만 보면 앞발을 세우고 달려들어 잡아먹으려고 합니다. 우리 쥐들은 고양이한테 쫓겨 좁디좁은 구멍 속에서 눈물로 밤을 지새우지요. 부디 고양이란 놈을 혼내 주십시오."

옥황상제가 어디 한쪽 말만 듣고 판결을 할까? 심부름꾼을 보내 고양이를 불러오게 했어. 그러고는 쥐가 한 말이 틀림이 없는지 빠짐없이 물어봤지.

고양이는 그동안 있었던 일을 낱낱이 옥황상제께 고했어. 쥐가 도둑질 장난질로 집안에 해를 끼치고도 그 허물을 모두 며느리한테 뒤집어씌운 일, 좋은 말로 타일러도 듣지 않고 점점 못된 짓을 심하게 해서 한 번 혼내 준 일을 모조리 아뢰었지.

이야기를 다 듣고 난 옥황상제가 판결을 내렸어.

"쥐는 나쁜 짓을 저질러 놓고도 뉘우치기는커녕, 자기를 타이른 고양이한테 오히려 덤터기를 씌우려 했으니 그 죄가 크다. 옛말에 '말이 씨가 된다'고 하였으니, 쥐는 자기 말을 씨앗 삼아 죄 씻음을 하는 게 좋겠다."

그러니까 쥐가 옥황상제에게 일러바친 그대로 되게 했어. 고양이는 쥐만 보면 앞발을 세우고 달려들어

잡아먹으려 하고, 쥐는 고양이한테 쫓겨 좁디좁은 구멍 속에서 살게 한 거야. 쥐는 괜히 고양이한테 덤터기를 씌우려고 했다가 자기 한 말 그대로 당하게 됐지.

 이게 바로 고양이가 쥐를 쫓고, 쥐는 고양이를 무서워하게 된 내력이란다.

흰나비에는 어떤 사연이 숨어 있을까?

산에 들에 날아다니는 나비에는 온갖 것이 다 있지. 노랑나비도 있고, 흰나비도 있고, 호랑나비도 있고, 그렇잖아. 그 가운데 흰나비는 보통 둘씩 짝을 지어 날아다닌다는데, 거기에는 슬픈 사연이 숨어 있단다. 어떤 사연이 숨어 있는지, 이제부터 그 얘기를 해 볼까.

옛날 어떤 마을에 한 처녀가 살았는데, 나이가 차도록 집 안에만 틀어박혀 지냈어. 옛날에는 처녀가 밖에 돌아다니는 걸 안 좋게 보는 풍습이 있었거든. 그래서 만날 집 안에 틀어박혀서 바느질하고 베 짜고 밥 짓는 일이나 배웠지, 밖에는 한 발짝도 안 나갔단 말이야.

그러다가 어머니가 나이 들어서 전에처럼 일을 잘 못 하게 됐어. 그래서 어머니 하던 일을 처녀가 맡아서 했지. 다른 일이야 다 집 안에서 하지마는 빨래하고 물 긷는 일은 집 안에서 안 되거든. 빨래는 개울에서 하고 물은 우물에서 길어야 하는데, 개울이고 우물이고 다 집

밖에 있으니까 밖에 나가야지.

  그래서 처녀가 난생처음으로 밖에 나갔어. 개울에도 가고 우물에도 가고 했는데, 하루는 우물에 물 길으러 갔다가 윗마을에 머슴 사는 총각하고 딱 마주쳤네. 그 총각은 지나는 길에 목이 말라 물 한 모금 먹으려고 우물에 왔다가 처녀를 만난 거야. 둘이서 딱 보자마자 첫눈에 반해 버렸어.

  서로 부끄러워서 변변한 얘기 몇 마디 못 나누었는데도 둘이 그만 정이 쏙 들어서, 헤어진 뒤에도 서로 잊지를 못하게 됐어. 눈을 뜨고 있으면 눈앞에 얼굴이 아른아른, 눈을 감고 있으면 귓가에 목소리가 두런두런, 이러는 판이야. 처녀는 자나 깨나 총각 생각, 총각은 앉으나 서나 처녀 생각, 이렇게 서로 그리워하면서 지냈지.

  그러다가 하루는 총각이 처녀를 보러 왔어. 환한 대낮에는 남의 눈이 있으니까 캄캄한 밤에 왔지. 마침 처녀도 잠이 안 와서 밖에 나왔다가 서로 만났어. 반갑게 인사를 하고 얘기도 나누고 하다 보니 밤이 이슥해지는 것도 몰랐지. 첫새벽이 돼서야 서로 아쉬워하면서 헤어졌어.

  그 뒤부터 둘은 하루가 멀다고 만났어. 만나서 정을 쌓다가 혼인 약속까지 하게 됐네. 그런데 옛날에는 처녀 총각이 아무리 서로 마음에 들어 해도 집안 어른들 허락이 없으면 혼인을 못 했거든. 처녀는 언젠가 어른들한테 사실 얘기를 하고 혼인 허락을 얻으리라 마음먹고 있었어.

그런데 어느 날 처녀 아버지가 처녀한테 그러는 거야.

"얘야, 너도 이제 나이가 찼으니 시집을 가야지. 재 너머 마을 부잣집에 너를 보내기로 했으니 그리 알아라."

이게 무슨 마른하늘에 날벼락이야? 처녀는 그제야 부랴부랴 사실 얘기를 했어. 실은 전부터 마음에 있어서 만나는 총각이 있다, 그러니 그 총각하고 혼인하게 해 달라고 말이야. 아버지는 그 총각이 윗마을 사는 머슴이란 걸 알고서 불호령을 내리네.

"처녀의 몸으로 어른들 몰래 사내를 만나는 것만으로도 큰 잘못인데, 상대가 천한 머슴이라니 당치 않다. 지난 일은 눈감아 줄 테니 두 번 다시 그런 말은 입 밖에 꺼내지도 마라."

그러고는 집 밖으로 한 발짝도 못 나가게 해. 처녀는 하릴없이 뒷방에 갇혀서 눈물로 세월을 보냈지. 양쪽 집에서는 혼인 날짜까지 받아 놓고 준비가 한창인데, 처녀는 이러지도 저러지도 못하고 속만 타 들어가는 판이야.

그런데 이 소문을 총각이 들었어. 안 그래도 어느 날부터 처녀가 안 보여서 이상하다 싶었는데, 재 너머 부잣집에 시집 간다고 혼인 날짜까지 받아 놨다니 그 마음이 어떻겠어? 눈앞이 캄캄하고 하늘이 무너지는 것 같지.

 총각은 하도 슬프고 원통해서, 그게 그만 가슴에 사무쳐 병이 돼 버렸어. 밥도 못 먹고 잠도 못 자고 드러누워 끙끙 앓았지. 그러다가 그만 덜컥 죽고 말았네. 주인집에서는 총각을 마을 뒤 산기슭 길가에 묻어 줬어.

 총각이 죽었다는 소문을 처녀도 들었지. 어찌나 슬픈지 몇 날 며칠 밥도 안 먹고 잠도 안 자고 울기만 했어. 그런 처녀 마음을 아는지 모르는지, 혼인 날짜는 시나브로 자꾸만 다가오네.

 어쨌거나 처녀 집에서는 혼숫감으로 갖가지 옷감을 장만해서 옷을 지었어. 그런데 옷을 지어 놓으면 처녀가 와서 가져가는 거야. 식구들은 입어 보려고 그러는 줄민 알았지. 처녀는 옷 가운데 하얀 옷을 골라 물에 빨았어. 그런데 그냥 물이 아니라 식초 담근 물에다가 빨았어. 빨아서 널었다가 다 마르면 또 빨고, 또 빨고, 이렇게 여러 번 식초 물에 빨래를 했단 말이야.

 드디어 혼인날이 돼서, 처녀가 그 옷을 입고 신행길에 나섰어. 그 식초 담근 물에 빨래한 흰옷 말이야. 그걸 입고 가마를 타고 가는데, 재 너머 마을에 가려면 윗마을을 지나가야 되거든. 가마꾼들이 길을 따라 가다 보니 총각 무덤가를 지나게 됐네.

 가마가 총각 무덤가에 딱 이르니까, 안에 있던 처녀가 잠깐 가마를

 멈추라는 거야. 멈췄지. 그랬더니 처녀가 가마에서 나와 총각 무덤으로 가. 가서는 무덤 앞에 엎드려 울며 노래를 부르는 거야.

 "넋에 눈이 있으면 날 알아보고 넋에 뜻이 있으면 내 마음을 아시리. 날 놓아 보내려거든 그대로 있고, 날 불러들이시려면 문을 열어 주오."

 노래가 끝나자마자, 이게 무슨 일이야? 무덤 가운데가 스르르 열리지 뭐야. 그러니까 처녀가 뒤도 안 돌아보고 그 무덤 속으로 성큼성큼 걸어 들어가네.

 같이 가던 사람들이 그걸 보고 한꺼번에 달려가 처녀를 붙잡았어.

　식구들, 가마꾼들, 구경꾼들 할 것 없이 여럿이 달려들어 옷자락을 붙삽았지. 그런데 붙잡는 족족 옷이 바스러지는 거야. 식초 담근 물에 여러 번 빤 옷이니까 삭을 대로 삭아서, 그냥 손만 닿으면 바삭바삭 바스러져.

　그래서 사람들은 처녀를 붙잡지 못하고, 처녀는 무덤 속으로 유유히 들어갔지. 처녀가 들어가자 무덤이 다시 스르르 닫히더래.

　바스러진 옷 조각은 무덤가에 하얗게 흩어졌어. 그리고 곧 나비가 되어 하늘 높이 날아갔지. 나비들은 둘씩 짝을 지어 정답게 날아올라, 온 하늘을 하얗게 뒤덮었더래.

　흰나비에 얽힌 슬픈 사연이 이렇단다.

묵이 '도루묵'이 된 내력은?

바다에 나는 물고기 가운데 도루묵이라는 게 있거든. 몸이 가늘고 배가 매끈하게 생겼는데, 이걸 더러는 '은어'라고도 하고 '목어'라고도 해. 하지만 도루묵이라는 이름으로 더 많이 불리지. 이 물고기 이름이 원래는 '묵'이었대. 그러다가 언제부터인가 도루묵이 되었다는데, 그게 왜 그렇게 됐는지 얘기해 주지.

옛날에 한 임금이 있었는데, 나라에 난리가 나서 피난을 가게 됐어. 도적 떼가 대궐이 있는 도읍지까지 들이닥치니까 가만히 있다가는 큰 변을 당하겠거든. 그래서 피난을 간 거야. 어디로 갔느냐면 동쪽으로 갔어. 산을 넘고 강을 건너 자꾸만 가서 동해 바닷가까지 갔단 말이야.

동해 바닷가에 묵을 곳을 정해 두고, 임금이 이제 거기서 살았어. 아무리 임금이지만 피난 온 처지에 무슨 호강을 할 수 있어? 그냥 뭇

백성들처럼 수수하게 사는 거지. 음식도 찬밥 더운밥 안 가리고 먹고, 옷도 성한 옷 해어진 옷 안 가리고 입고, 그렇게 살았어.

임금으로서는 난생처음 모진 고생을 해 보는 셈이었지. 대궐에서 살 때 날마다 맛난 음식만 가려 먹고 좋은 옷만 골라 입고 호강하며 살았는데 말이야. 이제는 처지가 처지인 만큼 호강은 꿈도 못 꾸지.

다행히 근처 백성들이 먹을 것과 입을 것을 마련해 준 덕분에 그럭저럭 굶지 않고 헐벗지 않고 지낼 수 있었어. 착한 백성들이 임금님 왔다고 정성을 다해 대접해 주었거든. 자기들은 굶는 한이 있어도 임금님 먼저 먹이고, 자기들은 못 입는 한이 있어도 임금님은 따뜻이 입히고, 그렇게 알뜰살뜰 보살펴 주었으니까 말이야.

하지만 백성들 살림이 어디 넉넉한가. 다들 입에 풀칠하기 바쁠 만큼 어렵지. 그러니 임금님께 바치는 음식도 별것이 없었어. 그저 날마다 자기네 밥상에 올리는 것 중에 좋은 것을 골라 바치는 정도였지.

바닷가 마을이라 백성들이 먹는 음식 가운데는 물고기가 많았어. 마침 철이 늦가을에서 초겨울로 넘어가는 때라 '묵'이라는 물고기가 많이 잡혔거든. 백성들은 묵을 정성껏 요리해서 임금에게 바쳤어.

임금이 밥상을 받아 보니 난생처음 보는 물고기 반찬이 있는데, 먹어 보니 그 맛이 기가 막힌단 말이야. 입에 들어가면 그냥 살살 녹을 만큼 맛이 있어.

'야, 이 맛 좋은 물고기를 대궐에서는 왜 못 먹어 봤을꼬.'

마음속으로 한탄을 했지.

 그런데 여기에는 그만한 사정이 있어. 사실은 묵이라는 물고기가 그렇게까지 맛있는 물고기가 아니야. 그저 가난한 백성들 밥반찬으로나 쓰이는 흔한 물고기지. 그러니 대궐에서는 못 먹어 본 게 당연한 거야. 대궐에 들여오는 음식은 뭐든 최고로 좋은 것만 들여오니까 그렇지. 물고기도 아주 귀하고 맛난 것들만 골라서 들여오지, 묵처럼 흔한 것은 아예 들여오지를 않거든.

 그런데 임금이 피난을 와서 뭇 백성들처럼 수수하게 살다 보니 입맛이 달라진 거야. 대궐에 살 때는 아주 별난 음식이 아니면 거들떠보지도 않을 만큼 입맛이 까다로웠는데, 여기에 와서 뭇 백성들처럼 살다 보니 웬만한 건 다 잘 먹게 됐어. 그러다 보니 묵 같은 물고기도 굉장히 맛있게 느껴졌던 거지.

묵을 맛있게 먹고 난 임금이 신하들을 불러 물었어.

"이 물고기 이름이 무엇인고?"

"예, 묵이라고 합니다."

임금이 들어보니 이름이 도무지 마음에 들지를 않아.

'거참, 이 맛 좋은 물고기 이름이 묵이라니, 도통 어울리지 않는걸. 마치 비단옷을 가리켜 누더기라고 하는 것과 같잖아. 이름을 바꾸어야겠다.'

임금은 묵에게 새 이름을 지어 주려고 이모저모 궁리를 했어. 며칠 뒤 밥상에 또 묵이 올랐는데, 가만히 보니 배 쪽 색깔이 다른 데보다 더 밝아. 자꾸 보니 마치 은빛으로 빛나는 것 같기도 해. 워낙 맛있게 먹은 물고기여서 모양도 더 예뻐 보였는지 몰라.

'옳지. 저렇게 은빛으로 빛나는 물고기이니, '은어'라고 하는 게 좋겠다.'

임금은 당장 신하들을 불러 명령을 내렸어.

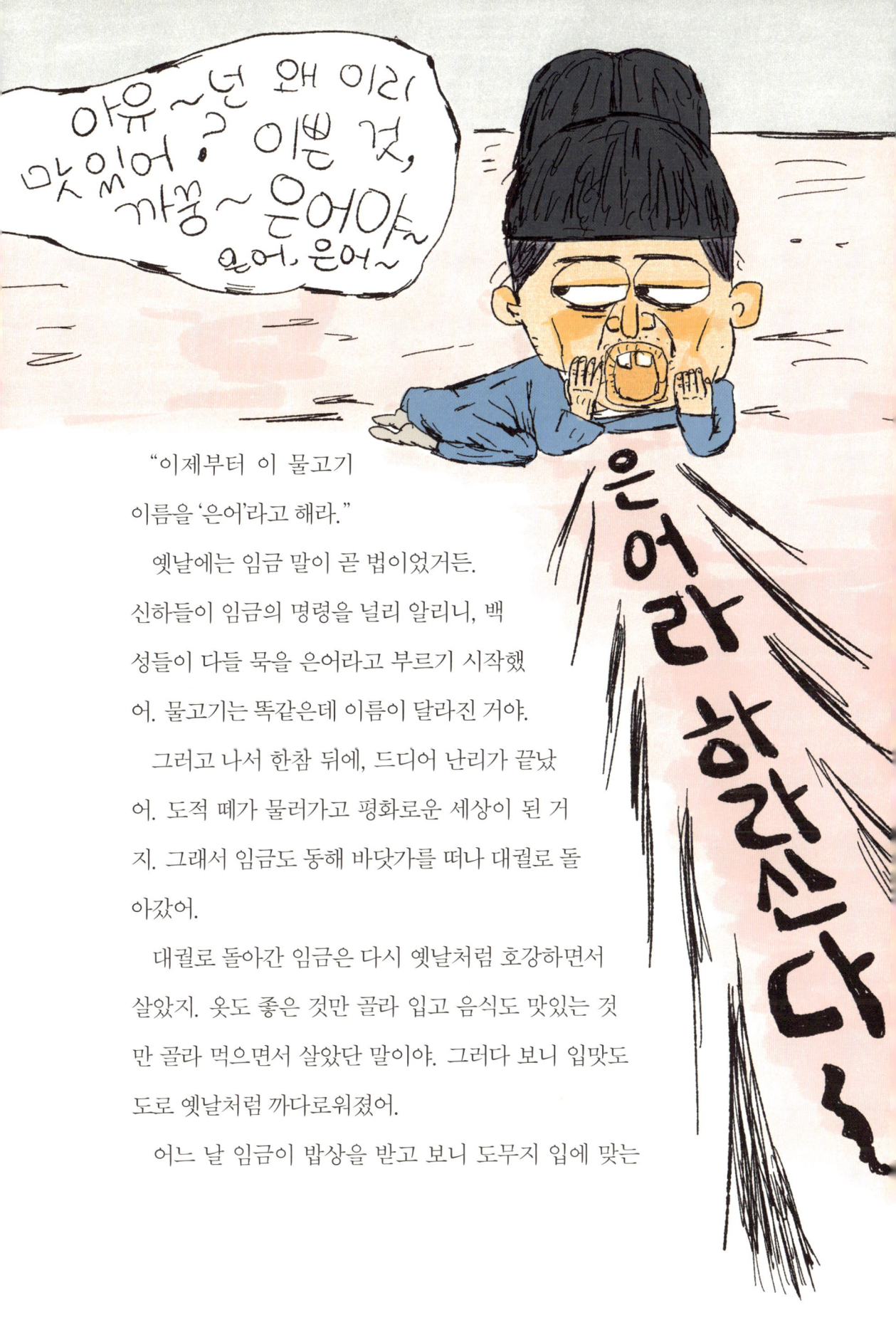

"이제부터 이 물고기 이름을 '은어'라고 해라."

옛날에는 임금 말이 곧 법이었거든. 신하들이 임금의 명령을 널리 알리니, 백성들이 다들 묵을 은어라고 부르기 시작했어. 물고기는 똑같은데 이름이 달라진 거야.

그러고 나서 한참 뒤에, 드디어 난리가 끝났어. 도적 떼가 물러가고 평화로운 세상이 된 거지. 그래서 임금도 동해 바닷가를 떠나 대궐로 돌아갔어.

대궐로 돌아간 임금은 다시 옛날처럼 호강하면서 살았지. 옷도 좋은 것만 골라 입고 음식도 맛있는 것만 골라 먹으면서 살았단 말이야. 그러다 보니 입맛도 도로 옛날처럼 까다로워졌어.

어느 날 임금이 밥상을 받고 보니 도무지 입에 맞는

음식이 없네.

"에잇, 이것도 맛이 없고 저것도 맛이 없고, 도통 먹을 만한 게 없군. 음식들이 모두 이렇게 맛이 없어서야 원."

음식 투정을 하다 보니 문득 피난 때 먹던 그 물고기 생각이 나는 거야. 기막히게 맛있었던 그 물고기 말이야.

"옳지. 그 묵, 아니 은어를 다시 한번 먹어 봐야겠다."

임금은 당장 명령을 내렸어. 동해 바닷가 백성들이 즐겨 먹는 은어를 가져오라고 말이야. 신하들이 명령에 따라 은어를 가져다

묵이라고 하라신다

가 요리를 해서 임금께 바쳤어. 임금은 기대에 부풀어 은어 요리를 한 점 맛보았지. 그런데 애개, 이게 뭐야? 먹어 보니 별로 맛이 없네. 여태 먹던 어떤 생선 반찬보다도 맛이 없어. 그도 그럴 것이, 피난 때는 고생을 하다 보니 입맛이 백성들을 닮아서 뭐든 맛있게 느껴졌지만, 대궐에서 호강하며 맛있는 것만 먹다 보니 웬만한 건 입에 맞지 않게 된 거지.

"에, 퉤퉤. 맛이 뭐 이래?"

잔뜩 실망한 임금은 이 생선 이름을 도로 바꾸어야겠다고 생각했어. 이런 맛 없는 물고기한테 은어 같은 고상한 이름은 당치 않아 뵈거든. 당장 신하들을 불러 소리쳤어.

"여봐라, 이 물고기 이름을 도로 '묵'이라고 하여라."

도로 원래 이름으로 되돌리라는 거지. 그런데 신하들이 그 말을 잘못 알아들었어. 도로 '묵'이라고 하라는 말을 '도로묵'이라고 하라는 걸로 알아들은 거야. 그래서 백성들에게도 그대로 전했지.

"이제부터 은어를 '도로묵'이라고 하라신다."

그 '도로묵'이 자꾸 퍼지면서 '도루묵'이 됐다는 얘기야. 그런 얘기가 있어.

할미꽃에 얽힌 사연은?

이른 봄이 되면 산비탈 양지바른 곳에 할미꽃이 피지. 허리가 꼬부라지고 하얀 솜털이 흰 머리카락처럼 보여서 할머니처럼 생겼다고 이름도 할미꽃이래. 이 할미꽃에는 슬픈 이야기가 전해 오는데, 어디 한번 들어 보련?

옛날 어느 집에 할머니와 어린 손녀 둘이 살았어. 어머니 아버지가 모두 일찍 세상을 떠나는 바람에 할머니 손에서 자라게 됐지.

할머니는 두 손녀를 끔찍이도 귀여워하고 아껴 줬어. 먹을 것이 생기면 자기는 굶어도 손녀들은 배불리 먹이고, 입을 옷이 생기면 자기는 헐벗어도 손녀들은 따뜻이 입혔지. 겨울엔 추울세라 여름엔 더울세라, 앉을 땐 옷 구겨질세라 설 땐 넘어질세라, 집에선 심심할세라 들에선 벌레에 물릴세라, 자나 깨나 밤낮으로 알뜰살뜰 보살폈어.

그런데 손녀 둘이 생김새며 성격이 영 딴판이야. 큰손녀는 예쁘게

생겼어도 마음씨가 고약했고, 작은손녀는 예쁘지는 않아도 마음씨가 착했어. 큰손녀는 허구한 날 예쁘게 차려입고 맛난 것만 먹으면서 놀러 다니는 게 일이었고, 작은손녀는 날마다 수수하게 입고 나물 반찬 먹으면서 할머니 도와 드리는 게 일이었지.

하지만 할머니는 두 손녀를 똑같이 사랑했어. 큰손녀가 버릇없다

고 미워하는 법도 없었고, 작은손녀가 착하다고 더 예뻐하는 법도 없었지. 먹을 것도 입을 옷도 저울에 단 듯이 똑같이 나눠 주고, 좋은 일이나 궂은일이나 칭찬할 때나 나무랄 때나 자로 잰 듯 똑같이 대해 줬어. 그래도 큰손녀는 날마다 불평만 했고, 작은손녀는 날마다 고마워했지.

이러구러 손녀들도 나이를 먹어 시집갈 때가 됐어. 그러니까 여기저기서 중신 말이 들어오거든. 이 집으로 시집보내시오, 저 집으로 시집보내시오 하고 중매하는 말 말이야. 그런데 큰손녀한테는 부잣집에서만 중신 말이 들어오고, 작은손녀한테는 가난한 집에서만 중신 말이 들어와. 생김새만 보고 그러는 거지.

그래서 큰손녀는 건넛마을 부잣집으로 시집가게 됐고, 작은손녀는 고개 너머 가난한 집으로 시집가게 됐어. 큰손녀가 시집간 부잣집은 곡식을 곳간에 쌓아 놓고 배를 두드려가며 먹는 집이고, 작은손녀가 시집간 가난한 집은 양식이 모자라 아침엔 밥, 저녁엔 죽으로 끼니를 잇는 집이야.

두 손녀를 시집보내 놓고 할머니는 혼자서 살았지. 챙겨 줄 손녀들이 없으니 홀가분해서 좋았느냐고? 아니야, 그 반대야. 비록 몸은 덜 고달플지 모르지만, 마음은 쓸쓸하기 그지없었지. 혼자서 집에 있으면 마치 두 손녀가 옆에서 말을 거는 것 같고, 밖에 나갔다 집에 들어오면 마치 두 손녀가 달려 나와 맞아 주는 것 같았어. 그러니 그저 자나 깨나 손녀들 생각뿐이었지.

그렇게 외롭게 살다가 할머니 나이가 많이 들어 기운이 뚝 떨어졌어. 기운이 떨어져 움직이기도 힘드니까 혼자서는 못 살지. 누군가 옆에서 보살펴 줘야 한단 말이야. 이웃 사람들이 의논 끝에 할머니를 건넛마을 큰손녀 집으로 모셔 갔어. 큰손녀가 시집간 집은 부잣집이니까 양식도 넉넉할 테고, 그러니 할머니 모시는 데도 어려움이 없을 것 같아서지.

큰손녀는 이웃 사람들이 모셔 온 할머니를 마지 못해 집에 맞아들였어. 하지만 마음속으로는 영 탐탁지 않았지. 늙은 할머니를 가까운 곳에서 보살피기가 귀찮았던 거야.

"쳇, 사람들은 왜 할머니를 나한테 데려왔담?"

이렇게 불평만 했어. 그래도 처음 며칠 동안은 끼니마다 밥을 챙겨 드리고, 저녁이면 군불도 때어 방도 덥혀 드렸어. 그런데 그런 일도 날이 갈수록 점점 더 귀찮아지거든.

"흥, 동생도 있는데 왜 할머니를 나 혼자서 보살펴야 하나?"

이렇게 생각하고 점점 할머니 보살피기를 게을리했어. 밥도 하루 한두 끼만 챙겨 드리다가 나중에는 그마저 그만두고, 방도 이틀 사흘에 한 번 덥혀 드리다가 나중에는 아예 거들떠보지도 않는 거야.

그러니 어떻게 되겠어? 할머니는 밥도 못 먹고 추운 방에서 오들오들 떨며 지내야 했지. 그렇게 하루 이틀 사흘을 지내다 보니 더는 견딜 수가 없게 됐어.

"안 되겠다. 내가 여기 더 있다가는 굶어 죽지 않으면 얼어 죽겠다.

작은손녀를 찾아가자. 가난한 집이라 먹고살기 어렵겠지만, 설마 여기보다 더할까?"

이렇게 마음먹고 할머니는 큰손녀 집을 나왔어. 보통이 하나 끌어안고, 이제 고개를 넘어 작은손녀네를 찾아가는 거지.

때는 마침 동지섣달 한겨울이라 추위가 이만저만이 아니야. 살을 에는 듯한 매운바람이 마구 몰아치는 데다가 길은 꽁꽁 얼어서 미끄럽기 그지없어. 게다가 눈발까지 날려서 눈앞이 잘 안 보이는 지경이야.

할머니는 눈보라를 뚫고 온 힘을 다해 허위허위 고개를 넘어갔어. 엎어지며 자빠지며 고갯마루까지 어찌어찌 올라가니, 쏟아지는 눈발 사이로 저 아래 마을이 어렴풋이 보이네.

"이제 이 고개만 내려가면 작은손녀를 만나겠구나."

할머니는 마지막 남은 힘을 다해 고개를 내려갔어. 온몸에 찬바람을 맞으며 얼어붙은 고갯길을 겨우겨우 내려갔지.

하지만 고개를 다 내려가기도 전에 할머니는 온몸에 힘이 다 빠졌어. 눈보라 속에 높은 고개를 넘느라고 온 힘을 다 써 버린 거야. 기진맥진하여 더는 한 발짝도 걸을 수 없게 된 할머니는, 그만 그 자리에 쓰러져 숨을 거두고 말았어.

이튿날, 눈보라가 그치고 마을 사람 하나가 나무를 하러 고갯길을 오르다가 쓰러진 할머니를 봤어. 그래 서둘러 작은손녀한테 알렸지. 소식을 듣고 허둥지둥 달려온 작은손녀는 할머니가 이미 숨을 거두

었다는 걸 알았어.

"아이고, 할머니! 오신다는 소식이라도 전해 주셨으면 제가 마중 나갔을 텐데요."

작은손녀는 할머니를 부둥켜안은 채 울고 또 울었어. 그 울음소리가 어찌나 슬펐던지, 들은 사람들 가운데 울지 않은 사람이 없었대.

작은손녀는 할머니를 산비탈 양지바른 곳에 고이고이 묻어 드렸어. 그러고 나서 얼마 뒤, 봄바람이 불어오고 얼어붙은 땅이 녹으니까 할머니 무덤가에 못 보던 꽃 한 송이가 피어나더래. 마치 살아생전 할머니 모습처럼, 허리가 꼬부라지고 하얀 솜털이 흰 머리카락처럼 난 꽃이 말이야.

그때부터 사람들은 그 꽃을 '할미꽃'이라고 부르기 시작했대. 돌아가신 할머니를 그리워하는 작은손녀 마음을 담아서…….